Barbara Holub (Hg.)

Das *Bienvenue*: ein Recht auf Raum für alle

Herausgegeben von
Social Design – Arts as Urban Innovation

Impressum

Social Design Reader
Herausgeberin der Reihe: Abteilung Social Design – Arts as Urban Innovation/
Universität für angewandte Kunst Wien
http://socialdesign.ac.at

Herausgeberin *Social Design Reader #1*: Barbara Holub, mit Beiträgen von
Alexander Betts, Sophie Goltz, Barbara Holub, Georg Winter
sowie Ulduz Ahmadzadeh, Daniel Aschwanden / Conny Zenk, Brigitte Felderer/
Herwig Turk, Karin Harather, Anna Misovicz / Angéla Góg, Christoph Steininger/
Cosima Terrasse, Radioprojekt „50 Hz" (Miriam Hübl, Shafiq Islami, Adele
Knall, Ammar Nasser, Lisa Puchner, Teresa Schwind), Stephan Trimmel

Lektorat: **Marietta Böning, Katharina Sacken, Chris Marsh, Brigitte Felderer**

Gestaltung der Reihe: SCHIENERL D/AD

© 2016 Texte und Fotos bei den AutorInnen und FotografInnen.
Die Bildnachweise sind bei den Abbildungen angeführt.

Cover: Macondo, 2015, Foto: Barbara Holub

© 2016
Herstellung und Verlag: BoD – Books on Demand, Norderstedt

ISBN: 9783741272455

Das Buch wird im Katalog der Deutschen Nationalbibliothek als
„elektronische Ressource" gelistet.

Inhalt

Barbara Holub
Das *Bienvenue*: ein Recht auf Raum für alle ___ 5

  Einleitung ___ 7

  1 Ankommen ___ 10

    Die Unmöglichkeit eines adäquaten Begriffs ___ 16

    Zwei außergewöhnliche Flüchtlingsunterkünfte
    in Wien – ein Exkurs in die aktuelle Geschichte ___ 19

    Das *Bienvenue* – ein Quartier für alle ___ 24

  2 Zusammen arbeiten, zusammen leben: teilen ___ 30

    Social Design: Handlungsfeld Migration ___ 32

  3 Lehren, lernen, arbeiten ___ 57

    Georg Winter – „High mad?" Nein: „Heimat"/
    Psychotektonische Übungen mit Anderen ___ 60

    Conversation with Alexander Betts ___ 70

    Universitäten der Einwanderer ___ 89

    Sophie Goltz – Silent University Hamburg ___ 91

    Arbeiten: künstlerische Strategien
    entgegnen harten Restriktionen ___ 105

Anmerkungen ___ 110

Brigitte Felderer – Nicht zuletzt ___ 115

Barbara Holub

Das *Bienvenue*: ein Recht auf Raum für alle[1]

Einleitung

Fünf Jahre nachdem der Diplomat Stéphane Hessel in seinem aktivistischen Essay „Empört euch"[2] aufgerufen hatte, die Dinge wieder selbst in die Hand zu nehmen, haben die nicht abreißenden Ströme von Flüchtlingen in der Mitte Europas eine Situation geschaffen, die uns nun tatsächlich dazu anhält, die „Empörung" gegen Ausgrenzung sowie ökonomische und soziale Ungleichheit in konkretes Handeln umzusetzen. Die zumindest in Österreich und Deutschland anfänglich viel gepriesene „Willkommenskultur" ist längst einer Politik der Ausgrenzung gewichen, deren VertreterInnen in Österreich mittlerweile nicht einmal mehr versuchen, diese in verharmlosende schöne Worte zu fassen. Doch gibt es ein weiterhin ungebrochenes Engagement vieler Initiativen und Privatpersonen, die sich gegen diese Politik der Ausgrenzung stellen und aktiv an Perspektiven für ein Zusammenleben arbeiten.
Unsere Gesellschaft in Europa befindet sich derzeit in einem massiven Umbruch, nicht allein aufgrund aktueller Flüchtlingsströme, sondern auch seit den seit vielen Jahren anhaltenden Diskussionen um eine weiter zu entwickelnde „europäische Identität" und „Gemeinschaft": Deren Werte konnten bisher nicht adäquat vermittelt werden. Ebenso wenig wurde auf die Ängste vieler BürgerInnen vor einer unsicheren Zukunft eingegangen. Das Verständnis einer neuen europäischen Identität, die eine Gemeinschaft und dabei regionale und kulturelle Eigenheiten nicht nur respektiert, sondern fördert, fiel oft

verallgemeinernden Regularien seitens der EU-Behörden zum Opfer. Zunehmend große Frustrationen in der Bevölkerung leisten jedoch rechtsextremen Haltungen Vorschub. Die noch nicht absehbaren politischen Entwicklungen (wie beispielweise die Auswirkungen des Brexit) treiben Ängste und eine immer weiter angeheizte Xenophobie voran.

Fragen des Zusammenlebens sind wesentliche Themen, mit denen sich das 2012 an der Universität für angewandte Kunst Wien neu eingeführte Masterstudium „Social Design – Arts as Urban Innovation" kontinuierlich und in immer wieder aktuellen Kontexten befasst. Da Fragen von Migration und Identität auch anhaltende Themen in meiner und transparadisos[3] künstlerisch-urbaner Praxis sowie in unseren Architekturprojekten sind, veranstaltete ich als Visiting Artist im Social Design Studio gemeinsam mit Herwig Turk[4] im Oktober 2015 den Workshop „Arriving – A Right to Space for All. New Ways of Cohabitation".

Die vorliegende Publikation geht von den Überlegungen zum Workshop aus, um die in unserer „beheimateten" Gesellschaft womöglich verloren gegangenen Qualitäten eines Zusammenlebens näher zu betrachten und künstlerische Strategien zu reflektieren wie zu entwickeln, die auch unorthodoxe Handlungsweisen eröffnen und wechselseitige Gemeinschaften anregen wollen. Der erste Teil widmet sich dem „Ankommen" – dem heutigen wie dem seit mehreren Generationen stattgefunden habenden und dessen Langwierigkeit. Es geht darin um den Wandel von Begriffen wie Integration oder Assimilation als Spiegel kultureller Befindlichkeit sowie um unsere Vorstellungen eines „Bienvenue". *Bienvenue* ist zugleich ein längerfristiges Architekturprojekt von transparadiso, in dem ein städtisches Quartier und spezielle Programme für ein Zusammenleben von Beheimateten und Heimatlosen entwickelt werden. Teil 2 („Zusammen arbeiten, zusammen leben: teilen") befasst sich mit dem Thema Zusammenarbeit und konkret mit den Erfahrungen und Projekten von Social-Design-Studierenden in der bis Juni 2016 größten Flüchtlingsunterkunft in Wien, in der Vorderen Zollamtsstraße 7, von denen die ProjektautorInnen selbst berichten.[5] Im dritten Teil „Lehren, lernen, arbeiten" werden schließlich verschiedene Initiativen zu wechselseitigem Lernen und Lehren, vom berühmten historischen Beispiel des Black Mountain College (USA 1933–1957) bis zu Ahmet Öguts „Silent University" wie unterschiedliche künstlerische Strategien zum Thema „Arbeiten" diskutiert.

1 Ankommen

Ankommen, willkommen sein – als Gast. Ankommen, rasten oder sich ausrasten. Welche Bedingungen braucht es, um langfristig in einer „flüchtigen" Gesellschaft anzukommen?[6] Ankommen bedeutet, eine Perspektive des Verweilens einzunehmen, welche die Rastlosigkeit der (erzwungenen) Bewegung unterbricht. Verweildauer unbestimmt. Diese Unbestimmtheit schafft eine Spirale von Bewegung und Verweilen – eine deutlich andere Situation als z. B. jene nach dem Zweiten Weltkrieg, als die aus den „Ostgebieten" und der damaligen Tschechoslowakei vertriebenen Flüchtlinge nach Deutschland kamen und sich die Frage gar nicht stellte, wie lange sie verweilen würden.[7] Diese Vertreibungen betrafen etwa meine Elterngeneration.

Vor dem Ankommen ist die Bewegung. Und auch das „Ankommen" stellt keinen Ruhezustand dar, sondern den Beginn weiterer Bewegung, die sich über Generationen fortschreibt[8] oder sich oft aufgrund eines sich über viele Jahre hinschleppenden ungeklärten Aufenthaltsstatus als dauerhaft interimistische Lebensform manifestiert. Dieser Zustand ist von Heimatlosigkeit und der Hoffnung, irgendwann wieder beheimatet zu sein, geprägt. Jedes Aufeinanderprallen der „Heimatlosen" und der „Beheimateten" ruft uns dazu auf, *unser* Verständnis von Heimat zu hinterfragen.

Der Medientheoretiker und Philosoph Vilém Flusser, der den Weg von beheimatet zu heimatlos zu einem neuen Beheimatetsein mehrfach selbst durchlebte, beschreibt diese komplexe

Wechselwirkung in „Die Freiheit des Migranten": „Die geheimen Codes der Heimaten sind nicht aus bewussten Regeln, sondern größtenteils aus unbewussten Gewohnheiten gesponnen. [...] Um in eine Heimat einwandern zu können, muss der Heimatlose zuerst die Geheimcodes bewusst erlernen und dann wieder vergessen. [...] Der Einwanderer ist für den Beheimateten noch befremdender, unheimlicher als der Wanderer dort draußen, weil er das dem Beheimateten Heilige als Banales bloßlegt. Er ist hassenswert, hässlich, weil er die Schönheit der Heimat als verkitschte Hübschheit ausweist. Bei der Einwanderung entsteht daher zwischen den schönen Beheimateten und den hässlichen Heimatlosen ein polemischer Dialog."[9] Die Heimatlosen lassen uns also in Bewegung geraten und fordern uns heraus, uns unsererseits in Bewegung zu setzen und aus der Starre der Saturiertheit eines oft ohnehin nur scheinbar beheimateten Daseins zu erheben. Längst wird diese Saturiertheit durch prekäre Arbeitsverhältnisse wachsender Teile der Bevölkerung konterkariert. In diesem Spannungsfeld kann das Selbstverständnis von KünstlerInnen hilfreich ja gefragt sein, ist dieses doch (bei allen unterschiedlichen Ausprägungen ihres KünstlerInnendaseins) wesentlich davon bestimmt, dass KünstlerInnen eben nicht in „mehrheitsfähigen" gesellschaftlichen Strukturen beheimatet sind – auch wenn sie innerhalb dieser operieren. Sie widersetzen sich einer Anpassung, ordnen sich nicht einem gesellschaftlichen Einverständnis unter. Sie bleiben rastlose MigrantInnen innerhalb des Systems, in dem sie leben und gegen das sie nicht selten ankämpfen in dem Wissen und im Bewusstsein, auch *nicht* ankommen zu können oder zu wollen. Sie pflegen diesen latenten Zustand als einen immer wieder neu aufrechtzuerhaltenden und neu zu befragenden.

„Der Mensch ist frei, weil er sich mit einer unvorhersehbaren und unerklärlichen Bewegung gegen seine Bedingung empören kann und sie verändern kann. Durch diese Möglichkeit ist er virtuell frei, und, wenn er sie vollzieht, ist er faktisch frei."[10]

In diesem Möglichkeitsraum zwischen virtueller und faktischer Freiheit wird eine der Triebkräfte für KünstlerInnen frei, sich in gesellschaftlichen Prozessen zu engagieren. Künstlerische Praktiken spielen dabei mit einem Rollenwechsel, der zwischen verschiedenen AkteurInnen und deren kulturellen und sozialen Hintergründen eine „Sprache" findet, die Angstmache und Demagogie entgegenarbeitet. KünstlerInnen und AkteurInnen, die sich – wie transparadiso – für urbanistische und gesellschaftliche Fragestellungen engagieren und zwischen den Disziplinen operieren, bezeichne ich als „urban practitioners"[11]. Das aktuelle Potenzial von Kunst liegt darin, als Expertise wahrgenommen zu werden, um neue Formen von Kommunikation zu ermöglichen, um Konflikte oder divergierende Interessen zuzulassen oder auch Ängsten Raum zu geben. So entstehen Begegnungs- und Kommunikationsräume, die keinen üblichen Regeln unterliegen, die von keinen vorgefassten Erwartungshaltungen geprägt sind (was gerne als „ergebnisoffen" bezeichnet wird) – Settings, die nichts verlangen.

Ein solches Setting konnte transparadiso im Dezember 2015 im Rahmen der Ausstellung „Creating Common Good" im Kunsthaus Wien als Recherche für das Projekt *Bienvenue* schaffen. An einem Spiel- und Diskussionsabend erörterten unsere Gäste aus verschiedenen kulturellen Hintergründen und Ankunftsepochen ihre Wünsche und Ängste sowie Vorstellungen, die ein gleichwertiges Zusammenleben ermöglichen. Ein kollektives Tangram-Spiel schuf eine entspannte Atmosphäre des Sichkennenlernens und gleichzeitig entwickelte sich im Spielen ein Ehrgeiz, der zum gemeinsamen Legen der Figuren anregte. Der Wechsel zwischen Spiel und Diskussion entwickelte eine angenehme Dynamik, sodass am Ende des Abends die Spielunterlage mit den Tangram-Legefiguren, die wir als Großplakat ausgedruckt hatten, mit Beiträgen der Gäste in verschiedenen Sprachen vollgefüllt war. Dieses Plakat wurde anschließend in der Ausstellung installiert und ließ somit den Prozess der Diskussion auch für die BesucherInnen in der Ausstellung sichtbar werden.

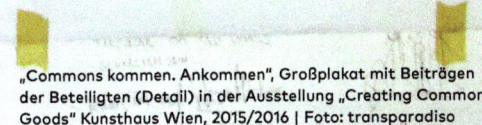

„Commons kommen. Ankommen", Großplakat mit Beiträgen der Beteiligten (Detail) in der Ausstellung „Creating Common Goods" Kunsthaus Wien, 2015/2016 | Foto: transparadiso

(oben und Mitte) Spielevent
(unten) Wand in der Ausstellung mit Beiträgen der Besucher-
Innen, bevor diese mit dem Großplakat überklebt wurde
Fotos: transparadiso

Die scheinbar lapidare Entscheidung, ein Spiel für die „Wunschproduktion" als „Forschung durch Praxis" zu nutzen (in diesem Fall um Wünsche der Beteiligten für die Bearbeitung des Konzepts eines „Willkommenszentrums" zu sammeln), eröffnet Kommunikationsformen, die sich dem Ziel einer „wissenschaftlichen" Auswertung, die wir etwa aus der Soziologie kennen, widersetzen und diese sogar gezielt sprengen. Hier lässt der künstlerische Prozess selbst eine migratorische Wechselwirkung zwischen den Disziplinen entstehen.

Die Erfahrungen mit künstlerischen Strategien sind in der aktuellen „ungeplanten" und in einem nicht gekannten Ausmaß unplanbaren Situation besonders wertvoll, da herkömmliche urbanistische und andere Planungsmethoden nicht zulänglich sind. Der gezielten und wohl auch intendierten Hilflosigkeit der Politik begegnen KünstlerInnen, AktivistInnen oder eben „urban practitioners" mit dem Anspruch, neue Modelle eines Zusammenlebens zu suchen, die eine nur funktionale Pragmatik von Unterbringung und Versorgung (aktueller und sicher auch notwendiger Fokus vieler Architekturprojekte) hinter sich lassen und vielmehr die Unplanbarkeit als Gunst der Stunde betrachten, um für gesamtgesellschaftliche Veränderungen und für eine gerechtere Gesellschaft *mit* den Beheimateten einzutreten.[12]

Hier und jetzt ist die Zeit gekommen, Architektur und Stadtentwicklung (wieder) als Engagement für die komplexen Herausforderungen zur Gestaltung von gesellschaftlichen Visionen zu betrachten, hierfür neue Formen von Teilhabe zu fordern und dafür Modelle zu entwickeln – die Zeit, sich nicht nur theoretisch, sondern im konkreten Handeln zu „empören".

Nachdem sich transparadiso auch während der letzten Jahre in unterschiedlichen Kunstprojekten und urbanen Interventionen mit Fragen von Migration befasst hatte[13], begannen wir im Mai/Juni 2015 ein „Willkommenszentrum – ein Recht auf Raum für alle" zu konzipieren und uns für dessen Realisierung (modellhaft zunächst für Wien wie auch für andere Städte und

Regionen) zu engagieren.[14] Dem Namen des Projekts kommt mittlerweile die Bedeutung eines Arbeitstitels zu, der auch die Projektgeschichte abbildet, ist doch der Begriff des „Willkommens" bereits ähnlich abgenutzt oder sogar missbraucht wie „Nachhaltigkeit". Eine Flut von engagierten Projekten, Initiativen und Organisationen aus der Zivilgesellschaft wie *Refugees Welcome* oder *Train of Hope* sowie Hochschulprogramme vor allem in der Architektur[15] widmen sich der „Willkommenskultur". Hier ist ein kurzfristiger Kampf um Aufmerksamkeit entstanden, der die Verteilung finanzieller Mittel beeinflusst und den Blick auf die große gesellschaftliche Dimension des Themas und einen langen Prozess, dessen Entwicklung noch nicht absehbar ist, verstellt. transparadiso ist jedoch an der Langfristigkeit interessiert, die weit über den ersten „Willkommensschub" und eine Ernüchterung aufgrund neuer Grenzzaunerrichtungen und -debatten hinausgeht.

Jeder Abnutzung des Begriffs „Willkommenskultur" muss also mit umso schärferem Beharren auf dessen Bedeutung begegnet werden.

Die Unmöglichkeit eines adäquaten Begriffs

Der Bedeutungswandel des Begriffs „Willkommenskultur" ist kontinuierlich zu befragen. Sprachgeschichtlich lässt sich „willkommen" aus dem heutigen Sprachgebrauch auf das mittelhochdeutsche „willekomen" oder spätalthochdeutsche „willechomen" zurückführen. und erinnert uns an den tieferen Sinn dieses alltäglichen Worts: (du bist) nach Willen [= nach Wunsch] gekommen.

Jemanden „willkommen" heißen wird als Geste gegenüber einem Gast, einem Ankömmling beschrieben, während das Gefühl des „Willkommenseins" die Perspektive eines Gasts/Ankömmlings betrifft. Diese unterschiedlichen Standpunkte, dieses Machtverhältnis zwischen „willkommen heißen" und „sich willkommen fühlen" wird unsere Gesellschaft weiterhin bestimmen.

„Willkommen" steht für die Offenheit zu Austausch und Gemeinschaft, die unterschiedliche Bedürfnisse von Privatheit und Teilhabe an Gemeinschaft respektiert und fördert – quer durch alle Gesellschaftsschichten, ob „beheimatet" oder „heimatlos". Was können wir von Ankömmlingen lernen? Wie lässt sich wechselseitiges Lernen fördern anstatt auf überkommenen Vorstellungen von „Integration" zu beharren? Die Gesten, die „willkommen" heißen, sind kulturell konnotiert und daher unterschiedlich – ein Anlass also, vor allem über unsere Gesten nachzudenken.

Es gilt, die noch neu zu entwickelnden Inhalte für ein Zusammenleben, die *nach* einem ersten „Willkommen heißen" ansetzen, erst mit Qualitäten zu füllen. Diese gesellschaftliche Notwendigkeit lässt auch bisherige Begriffe wie „Assimiliation" oder „Integration" hinter sich.

Der Begriff „Assimilation" erlebte seine Konjunktur in den 1980er-Jahren und ist mittlerweile aus dem Diskurs fast verschwunden. Dieses Verschwinden ist Ausdruck der sich kontinuierlich wandelnden oder auch zuspitzenden Debatten um eine „Eingliederung" der Ankunftskultur in die bestehende „Mehrheitskultur"; dabei wird zwar die Eigenständigkeit der Ankunftskultur bedacht, aber nicht unbedingt respektiert. „Assimilation" hat den unangenehmen Beigeschmack einer bedingungslosen Unterordnung von Ankömmlingen gegenüber Beheimateten nie verloren.[16]

Entgegen dem mittlerweile als diskreditierend wahrgenommenen Begriff der Assimilation, d. h. der Verschmelzung der Ankunftskultur mit der beheimateten Kultur (die bis zur Auflösung der Herkunftsidentität führen kann), betont „Integration" hingegen eher die Eingliederung im Sinne eines Zurechtkommens der Ankunftskultur mit der beheimateten Kultur und vice versa.[17]

„Das im 18. Jh. aus dem Lateinischen (‚integrare') entlehnte Wort steht etymologisch für ‚ergänzen, vervollständigen, sich zusammenschließen, in ein größeres Ganzes eingliedern'. [...] Hintergrund dieser allgemeinen Bedeutung ist also, dass ein Ganzes durch einseitige (Eingliederung) oder mehrseitige (Zusammenschluss) Aktivitäten herstellbar ist [...]."[18]

Für transparadiso heißt Integration jedoch, Ankommende auf ein Leben in der Ankunftsgesellschaft vorzubereiten, das wohl oft erst in der nächsten Generation einen freieren Umgang mit den schließlich gemischten Wurzeln ermöglicht. Für die Beheimateten sollte Integration bedeuten, den Ankommenden mit Offenheit zu begegnen und sich über verschiedene Wertvorstellungen auszutauschen. Kulturelle „Missverständnisse" sollten offen diskutiert und als Produktivkraft für gesellschaftliche Veränderung betrachtet werden, nicht zuletzt, um dem rechtspopulistischen Missbrauch des Begriffs „Integration", der eigentlich auf „Assimilation" abzielt, aktiv entgegenzuwirken.

Die Einführung des Begriffs „Bienvenue" ist dabei ein Versuch, das Thema eines Willkommensquartiers als dauerhafte Umsetzung von „Willkommenskultur", die alle betrifft (auch die beheimatete Gesellschaft), zu etablieren und mit Leben zu füllen. Bienvenue (frz.) bedeutet (wörtlich übersetzt): gut an-(ge)kommen. Hier beziehen wir uns jedoch auf „bienvenue" im Sinne von „willkommen". Die Wahl des französischen Begriffs entstand auch aus der räumlichen Nähe des ursprünglich geplanten Standortes für ein temporäres Willkommenszentrum beim Hauptbahnhof (Bahnorama) zum „Belvedere": Das „gute Ankommen" – und in weiterer Folge das gute Zusammenleben – sollte der „schönen Aussicht" gegenübergestellt werden.

Zwei außergewöhnliche Flüchtlings-unterkünfte in Wien – ein Exkurs in die aktuelle Geschichte

Macondo

In den aktuellen politisch motivierten Flüchtlingsdebatten in Europa und durch die Konzentration auf die dringliche kurzfristige Unterbringung vieler Menschen vergessen wir Wesentliches: Wir vergessen, dass wir immer schon mit vielen Generationen von Flüchtlingen konfrontiert waren und wir vergessen, dass wir selbst Teil dieser sich wiederholenden Geschichte sind. Dieser Prozess ist nach wie vor in Wien beispielhaft sichtbar – wie in der Siedlung Macondo, am Stadtrand Wiens, zwischen Flughafen, Autobahn und Fiktion. Macondo entstand 1956 aus der Umnutzung der ehemaligen Kaserne Kaiserebersdorf für die Unterbringung von ungarischen Flüchtlingen, die im Zuge des sogenannten „Ungarnaufstands" nach Wien gekommen waren. In den 1970er-Jahren war Macondo von Flüchtlingen aus Chile geprägt, die der Pinochet-Junta entkommen waren. Aus dieser Zeit stammt auch der Name Macondo, der fiktive Ort, in dem Gabriel García Márquez seinen Roman „Hundert Jahre Einsamkeit" ansiedelt. Heute treffen Flüchtlinge aus aktuellen Kriegsschauplätzen in allen Teilen der Welt auf die BewohnerInnen aus mittlerweile mehreren Generationen von Ankommenden. Zurzeit leben in Macondo zwischen zweitausend und dreitausend Menschen aus 22 Ländern in mehr als fünfhundert Wohnungen.[19] In den letzten Jahren haben sich KünstlerInnen und ArchitektInnen für Macondo zu interessieren begonnen. 2008/09 erforschte die Künstlergruppe Cabula6 den komplexen Mikrokosmos von Macondo und installierte u. a. einen Nachbarschaftsgarten. Das ArchitektInnenteam arquitectos verfasste eine ausführliche Studie zu Macondo. 2014 brachte die Regisseurin Sudabeh

Mortezai ihren vielfach ausgezeichneten Film „Macondo" heraus. Der Film beschreibt das Leben in Macondo und die sozialen Konflikte in der neuen Noch-nicht-Heimat aus der Perspektive eines elfjährigen tschetschenischen Buben.

Aus Macondo, das sich im 11. Bezirk am Stadtrand von Wien befindet, ist es ein weiter Weg in die Stadt. Die Nutzung öffentlicher Verkehrsmittel ist teuer und schränkt die Bewegungsfreiheit (und somit auch die Arbeitssuche) ein. Die BewohnerInnen Macondos leben in einer eigenen Welt, die ein spannendes Beispiel für das heterogene Zusammenleben verschiedenster Kulturen darstellt – allerdings ohne ÖsterreicherInnen. Deren Abwesenheit fällt auf, ebenso die Abwesenheit von kleinen Geschäften oder Werkstätten, obwohl es in der Siedlung genügend Freiräume gäbe, die solche Nutzungen zuließen und nach denen wir uns in einer Stadt sehnen. Es fehlt ein gesetzliches Rahmenwerk, das Eigenständigkeit und Eigeninitiativen zulässt und damit den Aufbau von Zukunftsperspektiven für Ankömmlinge und eine wechselseitige Bereicherung mit und in der Ankunftsgesellschaft fördert. Bis heute gibt es in Macondo keine öffentlichen Einrichtungen (abge-

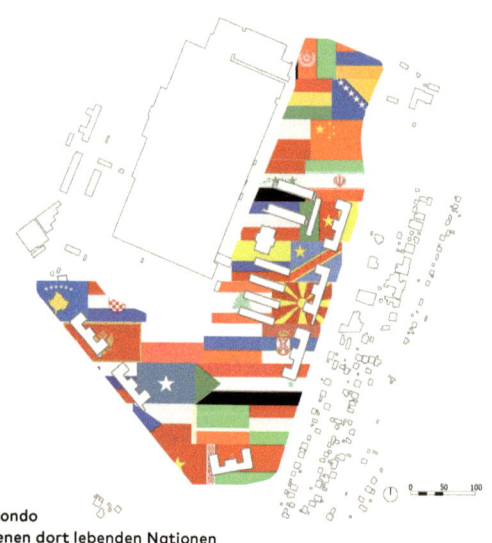

Lageplan von Macondo
mit den verschiedenen dort lebenden Nationen
Grafik: arquitectos

Exkursion nach Macondo (im Rahmen des Social Design Workshops/ Oktober 2015) mit Asma Aiad (Diakonie), Claudia Heu (Cabula6), u.v.a. | Fotos: Barbara Holub

sehen von der Diakonie als sozialem Hilfsdienst und einem Nachbarschaftszentrum). Das Kardinal-König-Haus, das ehemalige Integrationshaus, 1998 vom Österreichischen Integrationsfonds errichtet, wurde 2010 unter der schwarz-blauen Regierung zynischerweise in ein Schubhaftzentrum umgewandelt, das nun eingezäunt inmitten der Siedlung das sichtbare Zeichen für eine bedrohliche Abschiebung für all jene darstellt, die noch keinen Asylstatus haben.

Macondo steht aber auch für eine reale Fiktion, aus deren Qualitäten wir lernen und die wir weiterentwickeln sollten, wenn wir von neuen Formen des Zusammenlebens sprechen. Beheimatet werden/beheimatet sein/sich beheimatet fühlen kann nur eine Person, der es möglich ist, auch eine berufliche Perspektive und damit eine Zukunftsvision aufzubauen. Dies gilt für Ankömmlinge wie für Beheimatete.

Flucht im Kalten Krieg – Wien als Zwischenstation

Ebenso in Simmering gelegen ist ein Ende der 1970er-, Anfang der 1980er-Jahre geheim errichteter, heute immer noch kaum bekannter Zwischenort aus der Ära des Kalten Kriegs. Es lag nahe in Wien als eine der Drehscheiben zwischen Ost und West ein vorübergehendes Flüchtlingslager einzurichten, das während der „Kreisky-Ära" jüdische Flüchtlinge aus der Sowjetunion aufnahm, die in die USA auswandern konnten und wollten. Die Flüchtlinge wurden dort untergebracht, bis deren komplexe bürokratische Angelegenheiten als ehemalige Staatsangehörige der Sowjetunion geregelt waren. Heute zeugen vom ehemaligen Camp nur noch eine Mauer und eine Freifläche, die in den angrenzenden neuen Wohnbau quasi „integriert" wurde. Zu den Flüchtlingen damals zählte auch die Künstlerin und Schriftstellerin Svetlana Boym. Dort war sie im Jahr 1981, wie auch ihre Künstlerkollegen Vitaly Komar und Alexander Melamid, der Ungewissheit ausgesetzt, ihr angestrebtes Exil,

Ort des ehemaligen Camps mit der noch bestehenden Mauer in der Dreherstraße, Wien 11, 2013 | Foto: Barbara Holub

die USA, auch wirklich je zu erreichen. 2013, mehr als dreißig Jahre später, konnte ich mit ihr gemeinsam den Ort des ehemaligen Camps besuchen. Als längst etablierte Wissenschaftlerin brachte sie den Mut und das Interesse auf, diesem schwierigen Kapitel ihres Lebens nachzuspüren und es auch öffentlich zu machen.[20] Die verbliebene Mauer war das Thema, um das unser Gespräch kreiste. An sie konnte sich Svetlana Boym nur allzu gut erinnern. Sie wusste allerdings nicht, wo in Wien sie sich eigentlich befand. Die Aufenthaltsdauer im Camp war begrenzt, die organisierte Flucht ja bei aller Geheimhaltung ein erprobtes „Geschäftsmodell", an dessen guter Abwicklung beide Seiten, die Sowjetunion wie Österreich, interessiert waren. Der temporäre Aufenthalt blieb dennoch von einer Ungewissheit geprägt, welche die Künstlerin selbst noch so viele Jahre später ergriff, als es um die Frage ging, ihre Erfahrungen in ein Video zu übersetzen. Im Sommer 2015 wollte Svetlana Boym ihre persönliche Geschichte und jene des Camps erstmals in einer Ausstellung im Jüdischen Museum in Wien öffentlich machen. Sie verstarb jedoch im August 2015, und so bleibt auch ihre Geschichte weiterhin im Verborgenen.[21]

Das *Bienvenue* – ein Quartier für alle

Performative Settings (wie der oben beschriebene Spiel-/Diskussionsabend im Kunsthaus Wien) und unsere künstlerisch-urbanen Interventionen dienen einer „Recherche durch Praxis", um so strukturelle Mittel für Architektur sowie einen prozessorientierten Urbanismus zu entwickeln. Dieser inkludiert direktes Handeln und wendet sich an ALLE: Deshalb bezeichnen wir ihn als „direkten Urbanismus".

Das Konzept für das *Bienvenue* basiert auf intensiven Recherchen und unseren Erfahrungen mit Kunstprojekten und urbanen Interventionen, die wir zum Thema Migration in den letzten Jahren realisiert haben.[22] Es gründet ebenso auf Entwurfsprojekten mit Studierenden der TU Wien (die nicht selten selbst als Flüchtlinge nach Wien gekommen sind) wie auf dem intensiven Austausch mit den internationalen Studierenden des Masterstudiums Social Design an der Wiener Angewandten, die kulturelle Missverständnisse und Schwierigkeiten direkt an uns zurückspiegeln und nicht zuletzt auf den direkten Erfahrungen mit Flüchtlingen in diversen Wiener Notunterkünften.[23]

Das *Bienvenue* verstehen wir als „Ort des guten Ankommens", als „Willkommensquartier" für Heimatlose wie Beheimatete gleichermaßen, als Ort der Begegnung, des gegenseitigen Kennenlernens, des Austauschs, des Zusammenfindens und des Zusammenlebens – als eine urbane Lebenssituation. Als Zwischennutzung, aber auch als permanenter Lebensraum für neu Angekommene sowie für längst hier Ansässige kann ein solcher Ort zum Anlass werden, aus der bis dato nicht allzu geglückten „Integrations"-Politik in Österreich (bzw. in Wien) konstruktiv zu lernen. So wurde in den letzten Monaten die Frage von Werten intensiv und in aller Öffentlichkeit diskutiert. Diese Auseinandersetzung stellte sich jedoch polarisierend dar, vor allem in Hinblick auf jene kulturellen Werte, die „wir" aufgrund neuer kultureller Einflüsse zu verlieren glauben – Einflüsse, die uns von Medien allzu pauschalisierend als „fremd" vorgeführt werden. Diese so genannte Berichterstattung können wir jedoch als willkommenen Anlass wahrnehmen, über „unsere" Werte nachzudenken, derer wir uns ohnehin nicht so genau bewusst sind.[24] Eine „Werte"-Debatte sollte in einem weiteren Kontext betrachtet werden: Welche Werte des Zusammenlebens sind uns abhanden gekommen? Das Verschwinden sozialer Qualitäten, die eine ausgewogene Gesellschaftsstruktur und die Gemeinschaft gegenüber Individualinteressen stärken, ist ein schleichender Prozess, der nicht allein Wien betrifft, das international immer noch als Vorzeigebeispiel gilt, ob das die

Periode des „Roten Wien" der 1920er-Jahre oder grundsätzlich den sozialen Wohnbau betrifft. Der soziale Wohnbau wurde mittlerweile über Bauträgerwettbewerbe für die Bedürfnisse des Mittelstands adaptiert und der letzte Gemeindebau 2004 in der Rösslergasse im 23. Bezirk errichtet. 2015 wurde durch den Wiener Bürgermeister Michael Häupl die Errichtung von Gemeindebauten wieder aufgenommen. Im „4-Säulen-Modell", das der Beurteilung von Projekten durch den Grundstücksbeirat zugrunde liegt, spielt „soziale Nachhaltigkeit eine gleich wichtige Rolle wie Architektur, Ökonomie und Ökologie."[25] Trotz solcher Bemühungen zeugen die Ergebnisse der letzten Wiener Gemeinderatswahlen im September 2015 von anhaltenden Schwierigkeiten, mit den Ängsten sozial schwächerer Bevölkerungsgruppen so umzugehen, dass soziale und politische Angebote geschaffen werden, die auch als solche ernsthaft wahrgenommen werden. Ehemalige Hochburgen sozialdemokratischer WählerInnen wie der 11. Bezirk sind zurzeit von der FPÖ vereinnahmt.

Die Wohnbauvereinigung für Privatangestellte (WBV-GPA), die zahlreiche sozial engagierte Sonderprojekte wie 1986 einen Neubau in Macondo realisieren konnte, hatte durch eine beauftragte Studie festgestellt, dass die Einsparung von HausmeisterInnen[26] in Gemeindebauten ein Vakuum hinterlässt, das soziale Probleme nach sich zieht. Die „Funktion" eines Hausmeisters, einer Hausmeisterin geht eben weit über pragmatische Aufgaben hinaus: Sie sind Ansprechpersonen, sind Kummerkasten, lösen Konflikte und vieles mehr und sind gerade in ihrer scheinbaren Unauffälligkeit nicht durch Sozialarbeiterinnen ersetzbar. Deshalb setzt die Wohnbauvereinigung für Privatangestellte mittlerweile wieder HausmeisterInnen ein, wofür sie sogar ein eigenes Unternehmen gegründet hat.

Viele Probleme einer beheimateten und vor allem städtischen Gesellschaft – Einsamkeit quer durch die Generationen, Alleinsein im Alter, Zerfall der Generationen, kleine Kernfamilien,

Leiden unter Sinnlosigkeit trotz relativer Absicherung, Definition des Selbstwerts nur über berufliche Erfolge etc. – sind für Menschen aus ankommenden Kulturen oft kaum nachvollziehbar, sind diese doch von einem anderen Gemeinschaftssinn geprägt. Ebenso schwierig ist für viele Ankömmlinge auch die Frage zu verstehen, was sie als ein berufliches Ziel anstreben, sind sie es doch aus ihren Herkunftsländern meist nicht gewohnt, eine Wahlmöglichkeit zu haben.[27] In den vielen Gesprächen, die ich zwischen Oktober 2015 und Mai 2016 im Wiener Notquartier Vordere Zollamtstraße führen konnte, um für das *Bienvenue*-Projekt zu recherchieren, blieben die Antworten auf meine Frage nach beruflichen Wünschen auch meist recht allgemein: „Arbeit finden" oder „ich würde alles tun". Ein Flüchtling erzählte mir, dass für AfrikanerInnen im Ausland letztlich nur zwei Möglichkeiten blieben: entweder zu studieren (wenn man aus entsprechend privilegierter Schicht kommt) oder als „pied noir", als „sans papier", als „U-Boot" illegale Geschäfte zu betreiben.

Wählen zu können, wählen zu müssen führt bei vielen Jugendlichen oft zu Orientierungslosigkeit, ein für Ankömmlinge oft unverständlicher Luxus, kämpften sie doch meist ums nackte Überleben – sei es aufgrund von Krieg (Syrien, Afghanistan) oder Armut (afrikanische Länder). Die Ursachen für ihre Flucht, deren hohes Risiko die Flüchtlinge aufgrund der Perspektivlosigkeit auf sich nehmen, können auf diese beiden Hauptgründe zurückgeführt werden. Nach der Ankunft mündet jedoch oft bald die neue Hoffnung aufgrund eines allzu lange ungeklärten Aufenthaltsstatus ohne Arbeitsmöglichkeit in eine neue Perspektivlosigkeit. Für den Ankömmling scheint sich keine Chance für eine den Beheimateten gegenüber emanzipierte Zukunft zu eröffnen. Dabei ist zu betonen, dass viele „Beheimatete" auch um ihre Zukunft bangen, da es vor allem kaum noch Jobs für ungelernte Arbeitskräfte gibt. Der platten Unterscheidung zwischen sogenannten „Wirtschaftsflüchtlingen" (eine Kategorisierung, die nicht selten als Vorwand für eine Abschiebung herhalten soll) und „Kriegsflüchtlingen" (für die zumindest eine zeitweilige Gewährung von Asyl nach der Genfer Konvention für Menschenrechte gewährt werden müsste[28]) muss ebenso entgegengearbeitet werden wie jener zwischen „Arbeitswilligen" und „SozialschmarotzerInnen" unter den Beheimateten. Arbeitslosigkeit bedeutet – ob nun für Ankömmlinge oder Beheimatete – zur Untätigkeit gezwungen zu sein, was eine Nichtteilhabe am gesellschaftlichen Leben nach sich zieht. Das *Bienvenue* sieht daher auch vor, mit Partnern konkrete Bildungs- und Jobangebote für alle zu schaffen, um Eigenständigkeit und Eigeninitiative zu fördern.

Das *Bienvenue* konkret

Vilém Flusser unterscheidet Emi- und Immigranten von Flüchtlingen: „Der Flüchtling ist, positiv und negativ, der verlassenen Bedingung verhaftet. […] Der Emigrant hat sich über die verlassene Bedingung erhoben. In dieser seiner Empörung kann er aus ihr herausheben, was er will, und anderes kann er verwerfen. Was unterscheidet den Immigranten vom Flüchtling? Der Flüchtling, eingekapselt in die verlassene Bedingung wie er ist, ist der neuen verschlossen. Er hat ihr weder etwas zu geben noch etwas zu nehmen. Der Immigrant steht der neuen Bedingung teilweise offen, nämlich an den Stellen, an denen die verlassene Bedingung ironisch verworfen wurde."[29]

Das *Bienvenue* versteht sich als Konzept, das verschiedene Dimensionen annehmen kann. Bis Mai 2016 verfolgten wir (transparadiso) in Kooperation mit *Train of Hope* und einer Wohnbauvereinigung mögliche (Zwischen-)Nutzungen, u. a. die des brachliegenden Bahnoramas, das in direkter Nachbarschaft des Oberen Belvedere, direkt neben dem Hauptbahnhof Wien und im Fokus des neuen Stadtentwicklungsgebietes situiert ist.[30] Diese weithin sichtbare provisorische Struktur wollten wir gemeinsam mit *Train of Hope* als eine Art kulturelles Zentrum / Community Center nutzen, bevor der für den Immobilienmarkt lukrative Standort weiter verwertet wird. Im *Bienvenue* sollten halböffentliche und öffentliche Räume für Workshops und Seminare, ein Café, ein Informationszentrum und womöglich eine Zweigstelle der Wiener Büchereien eingerichtet werden, sodass für Ankömmlinge, Beheimatete und die AnwohnerInnen des Bezirks gleichermaßen Angebote entstehen. Zugleich sollte das *Bienvenue* als Informationsdrehscheibe für ganz Wien fungieren.

Trotz intensivster Bemühungen und vielseitiger Unterstützung ist es nicht gelungen, das Bahnorama zu aktivieren. Statt das Bahnorama also für eine zweijährige Zwischennutzung (die mit sehr geringem Adaptierungsaufwand hätte erfolgen können) zur Verfügung zu stellen, wird es seit Ende August 2016 abgetragen. Zugleich setzen wir unsere Arbeit am *Quartier Bienvenue* weiter fort. Dieses begreifen wir als eine Mischung, die sich aus Wohnen, (halb-)öffentlichen Räumen und Programmen, die auch in Zwischennutzungen erprobt werden können, sowie Werkstätten als Ausbildungsprojekte zusammensetzt und die jeweils für den konkreten städtebaulichen und sozialen Kontext konzipiert wird. Das *Quartier Bienvenue* sieht Angebote für verschiedene Wohnvorstellungen und -bedürfnisse vor und richtet sich an Alleinerziehende, Großfamilien verschiedener Generationen und Herkunft, Familien oder Paare gemischter kultureller Hintergründe oder ganz einfach Personen, die sich ein Wohnen in einem internationalen kulturellen Kontext wünschen. Dieses Konzept für ein heterogenes Stadtviertel, das in die mittelfristige Zukunft urbanen Zusammenlebens greift, strebt ein Modell an, das – jenseits kurzfristiger „Unterbringungsmöglichkeiten" für Flüchtlinge – die Gemeinschaft aller in Bezug auf Wohnen, Arbeiten, sozialen wie kulturellen Austausch stärken möchte.

2 Zusammen arbeiten, zusammen leben: teilen

Gemeinschaften entstehen von innen heraus, aus Interessensüberschneidungen diverser Beteiligter, und sie brauchen – vor allem wenn sie länger bestehen und sich weiterentwickeln können sollen – Zusammenarbeit und Kommunikation. Richard Sennett unterscheidet dabei zwischen dialektischer und dialogischer Kommunikation. Im Unterschied zu einem dialektischen Prozess, der auf Konsens ausgerichtet sei, verweist Sennett auf den Literaturwissenschaftler Michail Bachtin, der „eine Diskussion als ‚dialogisch' bezeichnete, wenn diese nicht darauf hinausläuft, dass man Übereinstimmungen findet"[31].
Gerade das dialogische Prinzip entspricht einer Haltung, die unsere (transparadisos) Arbeit prägt: Die Frage von Beteiligung oder Partizipation betrachten wir wesentlich unter dem Aspekt, wann wer in einen offenen (Planungs-)Prozess involviert werden soll, sodass die jeweilige Expertise und die Rolle der Beteiligten bestmöglich zu unerwarteten und auch kontroversiellen Beiträgen führen können. Die künstlerisch-urbanistischen Methoden, die wir dafür in unterschiedlichen Projekten entwickelt haben[32], regen die Beteiligten zur „Wunschproduktion" an, die mitunter auch den Erwartungshaltungen in Bezug auf „gewünschte" Ergebnisse (z. B. seitens der AuftraggeberInnen) keineswegs entsprechen muss. Durch eine solche Art von Partizipation entstehen neue Formen von Gemeinschaften: Eine Gemeinschaft stellt oft erst eine Kommunikation zwischen widersprüchlichen und umkämpften Interessen aller

Beteiligten her und ermöglicht zugleich eine Identifikation mit den jeweiligen Agenden. So wollten wir die Räumlichkeiten des Bahnorama gemeinsam mit Ankömmlingen adaptieren und das Design als eigene, hybride Ästhetik entstehen lassen, die auf den verschiedenen kulturellen Hintergründen basiert. Der Prozess dieses kollektiven Designs sollte in einer Workshop-ähnlichen Situation erarbeitet werden. Parallel zum deklarierten Inhalt (nämlich das Design zu entwickeln) werden so die Aushandlungsprozesse thematisiert, die zwischen den diversen Kulturen stattfinden müssen, um für sich selbst wie für Beheimatete einen Ort zu schaffen, an dem sich alle in ihren Identitäten wiederfinden können.

Das Thema der Zusammenarbeit steht wesentlich in Bezug dazu, wie sich neue Formate schaffen lassen, die ein Zusammenleben unterschiedlicher Interessen ermöglichen: Die abgenutzte Frage der „Integration" braucht eine neue Herangehensweise, die einen Austausch auf Augenhöhe und wechselseitiges kulturelles Lernen als „Win-win"-Prinzip für alle voraussetzt. Das dialogische Prinzip im Sinne Sennetts dient als wichtige Basis: Anstatt eines Strebens nach Konsens (der die kulturellen und sozialen Unterschiede nivellieren würde) gilt es vielmehr, den Unterschieden Raum zu geben und diese ernst zu nehmen.

Wir betrachten „kulturelle Missverständnisse" als Produktivkraft, um neue Formate des Zusammenlebens anstatt der herkömmlichen für „Integration" zu entwickeln. Workshops wie „Vier Stunden ohne Uhr", in dem unsere Maßgabe von Effizienz kritisch hinterfragt wird, können einen solch neuen Zugang und wechselseitigen Austausch eröffnen. Wir könnten lernen zu verlernen. Erst ein Konjunktiv, erinnert uns Richard Sennett, „eröffnet im Verhältnis der Beteiligten einen unbestimmten Raum, in dem sich Fremde gemeinsam aufhalten können, ob es sich nun um Immigranten und Einheimische in ein und derselben Stadt oder um Schwule und Heterosexuelle in derselben Straße handelt"[33]. Mit Richard Sennett ist einmal mehr auf den wesentlichen Unterschied zwischen Dialektik und Dialog hinzuweisen: „Das dialektische und das dialogische Vorgehen sind zwei Möglichkeiten zur Gestaltung eines Gesprächs, im einen Fall durch ein Spiel von Gegensätzen, das zu einer Übereinstimmung führt, im anderen durch einen ergebnisoffenen Austausch von Ansichten und Erfahrungen."[34] Einen solchen Austausch zu befördern ist unser Wunsch an das *Bienvenue*.

Social Design: Handlungsfeld Migration

Der „ergebnisoffene Austausch" von Ansichten und Erfahrungen kennzeichnet auch die Arbeitsweisen von Projekten, die von Studierenden des Masterstudiums Social Design an der Universität für angewandte Kunst Wien realisiert werden. Social Design ist ein noch junger Studiengang, der an den wenigen Universitäten, die dieses Studium anbieten, durchaus unterschiedlich ausgerichtet ist.[35] An der Universität für angewandte Kunst Wien widmet sich „Social Design – Arts as Urban Innovation", so der vollständige Name, aktuellen gesellschaftlichen Fragestellungen und entwickelt dafür künstlerische Strategien und Methoden, die im gesellschaftlich-urbanen Kontext wirksam werden können. Für Social-DesignerInnen gibt es keine vordefinierten Aufgabenfelder und (noch) keine genaue Berufsbeschreibung geschweige denn Stellenausschreibungen. Die Herausforderung für Studierende wie Lehrende besteht darin, die Felder ihres Engagements selbst zu definieren. So wird auch das Thema Migration, das unsere europäischen Gesellschaften aktuell bestimmt und in den nächsten Jahrzehnten maßgebliche und grundlegende Veränderungen hervorrufen wird, in seiner Komplexität immer wieder neu und mit den wechselnden Parametern bearbeitet. Die Projekte betreffen Fragen des Zusammenlebens und Zusammenarbeitens mit Menschen in

verschiedenen Phasen ihrer Einwanderung. Im Studienjahr 2015/ 2016 haben Social-Design-Studierende verschiedene Projekte umgesetzt:
Christoph Steininger und Cosima Terrasse beschäftigten sich in „Offenthaltstitel" mit dem Thema von Aufenthaltsgenehmigungen und befragten in Wien lebende Nicht-EU-BürgerInnen. Aus den Antworten entstanden Personalausweise, die dem Original auf den ersten Blick sehr nahe kommen, allerdings bei genauer Betrachtung sehr persönliche Botschaften enthalten.

Christoph Steininger / Cosima Terrasse
Offenthaltstitel

In Wien ist die Magistratsabteilung 35 – Einwanderung und Staatsbürgerschaft – für die Genehmigung sogenannter Aufenthaltstitel zuständig. Für Personen, die nicht in der Europäischen Union, im Europäischen Wirtschaftsraum oder in der Schweiz geboren sind, ist die MA 35 oft die erste Anlaufstelle, um einen längerfristigen Aufenthalt bzw. ein Leben in Wien formal zu legitimieren. Zu unterscheiden ist dies von der Anerkennung von Asyl. Hier ist ein anderer administrativer Weg zu beschreiten: Flüchtlinge müssen sich an das Innenministerium wenden und bekommen eine andere Identitätskarte ausgestellt, wenn ihr Asylantrag positiv beantwortet wurde. Gemeinsam haben beide Verfahren, dass eine Reihe von Dokumenten erforderlich ist, welche die rechtlichen Voraussetzungen für einen Aufenthalt belegen sollen. Handelt es sich nicht um Fluchtmigration, prüfen MitarbeiterInnen der MA 35 die Dokumente. Dabei werden im Entscheidungsprozess für oder gegen einen Aufenthaltstitel Kriterien wie finanzielle Lage, Beruf, Ausbildung und Staatsbürgerschaft geltend gemacht. Ist der Antrag von der MA 35 bewilligt, wird der Aufenthaltstitel in Form einer Karte durch diese übermittelt und dient

Plakat *Offenhaltstitel*, Offspace-Galerie SWDZ, Wien, 2015
Foto: Cosima Terrasse / Christoph Steininger

als Identitätsnachweis. Diese bürokratische Prozedur zum Erhalt eines Aufenthaltstitels gilt es regelmäßig zu absolvieren, denn der Aufenthaltstitel ist zumeist nur auf ein Jahr befristet.
Das Projekt *Offenthaltstitel* thematisiert die bürokratischen Definitionen von Identitäten, die erst durch ihre öffentliche Verwaltung legitimiert erscheinen. Es wurden dafür mehr als 55 Interviews mit Nicht-EU-BürgerInnen geführt, die in Wien leben und über Social Media kontaktiert worden waren. Auf Grundlage der Gespräche wurde eine Sammlung von 55 individuell formulierten Identitätskarten aufgebaut. Auf den ersten Blick meint man die Aufenthaltstitel-ID-Karten vor sich zu haben, wie sie von der MA 35 ausgefertigt werden. Der zweite Blick lässt erkennen, dass darauf weder Name, Gültigkeitsdatum oder Geburtsort, wohl aber persönliche Nachrichten und Zitate aus den Gesprächen vermerkt sind.
Bei der „Essence 2015", der Jahresausstellung der Angewandten, wurde allen GesprächspartnerInnen ihre persönliche Karte – ihr „Offenthaltstitel" – ausgehändigt. Die Wiener Offspace-Galerie SWDZ „So weit die Zukunft" präsentierte das gesamte Projekt im Dezember 2015.

Vordere Zollamtsstraße – *Café VoZo*

Als rasche Reaktion auf die sogenannte „Flüchtlingswelle", die im Herbst 2015 intensiv in Wien einströmte, eröffnete das Studio Social Design das „Open House"[36], um in der damals größten Wiener Notunterkunft, in der Vorderen Zollamtsstraße 7, unterstützende Maßnahmen und konkrete Angebote für die ca. 1.200 BewohnerInnen zu entwickeln. Das „Open House" war gekennzeichnet von „Learning by doing". Ein offener Prozess wurde in Gang gesetzt, der über eine einzelne Lehrveranstaltung hinausging. Das „Open House" etablierte eine Zusammenarbeit von Studierenden der Angewandten mit dem

„Displaced"-Team von Studierenden der TU Wien (geleitet von Karin Harather und Renate Stuefer / Institut für Kunst und Gestaltung), die bereits während des „urbanize! 6-Festivals" erste Projekte für die Vordere Zollamtsstraße 7 vorbereitet hatten.

Karin Harather[37]
Die Kunst der Kooperation

Im Rahmen von „urbanize! – Internationales Festival für urbane Erkundungen" starteten wir am 5. Oktober 2015 unser kooperatives Tun. Diese offene Projektwoche, die bis 9. Oktober anberaumt war, fand in einem seit Längerem leer stehenden ehemaligen Finanzverwaltungsgebäude statt. Zunächst war der gesamte Erdgeschoßbereich für die Zwischennutzung durch urbanize!-Projektgruppen vorgesehen. Kurz vor Festivalstart wurde das Gebäude jedoch als Notschlafstelle für rund 1.200 geflüchtete Menschen freigegeben. Ganz unter dem diesjährigen Motto des Festivals, „do it together", kamen das Rote Kreuz, das dieses Notquartier betreute, und urbanize! überein, das Haus während der Festivalzeit gemeinsam zu nutzen und es so zu einem Ort zu machen, an dem die Akutversorgung von schutzsuchenden Menschen und das kreative Potenzial der urbanize!-AkteurInnen Synergien für ein zukunftsweisendes Miteinander entwickeln können.

Angesichts der sich tagespolitisch zuspitzenden Ereignisse und der sich manifestierenden eklatanten Mangelzustände vor Ort hielten wir – eine Gruppe von zehn Studierenden und zwei Lehrenden – auch nach Beendigung des Festivals tatkräftig die Stellung: Unser Team Displaced_Space for Change ist bis dato geblieben, hat allen Widrigkeiten getrotzt und den (ökonomischen) Mangel zur Arbeitsgrundlage gemacht. Neben konkreten räumlichen wurden vor allem sozialräumliche Strukturen etabliert, vielfältige Kommunikationsstrukturen erarbeitet, interne und externe Netzwerkstrukturen aufgebaut. So konnte in den vergangenen Monaten Erstaunliches ins Rollen gebracht werden: Da dieses ehemalige Finanzamtsgebäude nie für Wohnzwecke vorgesehen war, herrschten dort prekäre Verhältnisse: Die mangelnden Sanitäreinrichtungen, die notdürftig installierten und wenig ansprechenden Minimalmöblierungen mit Bierbänken und lose aufgehängten Müllsäcken sowie die rigiden Brandschutzbestimmungen, die jegliche Raumausstattung mit textilen Materialien untersagen, spiegeln die triste und eintönige Alltagssituation wider, in der sich die BewohnerInnen des Hauses aktuell befinden. In enger Zusammenarbeit mit dem Roten Kreuz war es daher unser Ziel, durch pointierte räumliche Interventionen, die gemeinsam mit den HausbewohnerInnen vor Ort erarbeitet und umgesetzt werden könnten, ein Mindestmaß an Aufenthaltsqualität zu schaffen.

Wir haben Spielbereiche für Kinder geschaffen und gemeinsam mit Social-Design-Studierenden und AbsolventInnen der Angewandten ein Begegnungs-Café sowie eine Werkstätte eingerichtet, in der wir das Notwendigste selbsttätig und gemeinsam mit den HausbewohnerInnen aus Recyclingmaterialien fertigen konnten."[38]

Obwohl unser Lehrveranstaltungskonzept von Beginn an als kooperatives Tun und als partizipative Aktionsforschung angelegt war, ist der „Schneeballeffekt" mittlerweile so effektiv geworden, dass beinahe täglich neue Mitwirkende auf den Plan traten. Immer weitere Vernetzungen entstehen und formten sich zu einem wunderbaren, produktiven „Beziehungsgeflecht". Just in einer Situation, in der mannigfaltige Mangelzustände den Alltag prägen, entstehen räumliche und soziale Konstellationen von ungeahnter Qualität. Ausgehend von unserem zwölfköpfigen Displaced-Kernteam hat sich die Kooperation mit der hausinternen Einsatzleitung des Roten Kreuzes, den vielen Freiwilligen des Team Österreich und den hier wohnenden geflüchteten Menschen (insgesamt waren es mehr als eintausend) erstaunlich erweitert: Wurde sie anfänglich bereichert durch das urbanize!-Team, durch Kreative und Freelancer, so ist seit Oktober 2015 auch die Universität für angewandte Kunst Wien in diesen kooperativen Prozess eingetreten: Teams der Studienrichtung Social Design, aber auch Studierende abseits von Lehrveranstaltungen und AbsolventInnen haben vielfältige Programmierungs- und Aktivierungsfunktionen für die von Displaced geschaffenen Strukturen übernommen. Gemeinsam mit HausbewohnerInnen kümmerten sie sich etwa um den Betrieb des Cafés, um diverse Veranstaltungen und Workshops. Zuletzt hatte auch die Universität für Musik und darstellende Kunst Wien angeboten, Seminare gemeinsam mit den Menschen im Haus zu veranstalten. Auf Initiative von NGOs sollte sogar ein Fernsehstudio entstehen, in dem mit Geflüchteten täglich Programm gemacht und ein regelmäßiger Sendebetrieb etabliert werden sollte. Die Dynamik ist unglaublich, die Netzwerke erweiterten sich von Tag zu Tag, ungeahnte Synergien lassen in dieser Ausnahmesituation und in der Realität des permanenten Mangels plötzlich vieles möglich werden, das im „Normalbetrieb" so niemals zustande käme. Allein die so praxisorientierte, projektbezogene Kooperation unterschiedlichster Universitäten, wie sie sich nun ganz informell geformt hat, wäre abseits der aktuellen Krisensituation und auf offiziellem Weg kaum denkbar gewesen: Geflüchtete Menschen, Studierende, Lehrende, AbsolventInnen, deren Freunde und Angehörige, NGOs, Vereine, AnrainerInnen, Sponsorfirmen u. v. m. finden sich angesichts der unwürdigen Zustände, die in dem größten Wiener Flüchtlingsquartier herrschen, zu einer Non-Profit-Produktivgemeinschaft zusammen. Und einmal mehr zeigt sich, dass die „Kunst der Kooperation"[39] ihre größte Strahlkraft entwickelt und einzigartige Qualitäten hervorbringt, wenn wenig bis gar nichts an materiellen Ressourcen verfügbar ist und fern aller bürokratischen Strukturen, ganz informell, einzig auf Grundlage der individuellen Kooperationsbereitschaft und des persönlichen Engagements einzelner ProtagonistInnen agiert wird. Abseits von monetären Interessen und persönlichen Eitelkeiten entsteht mit einfachsten Mitteln, jedoch viel kreativem Potenzial Schritt für Schritt ein modellhafter Ort des interkulturellen Austauschs und der Begegnung. Ein Ort, an dem man gewillt ist, mit- und voneinander zu lernen. Ein Ort, an dem zeitgemäße Willkommenskultur nicht mit einem flüchtigen Begrüßungszeremoniell verwechselt wird, sondern zur alltäglich gelebten, integrativen Praxis wird.

https://www.facebook.com/displaced.spaceforchange/
Displaced-Kernteam: Yasmin El-Isa, Rupert Gruber, Jacinta Klein, Lilian Mandalios, Elaine Mang, Julia Menz, Stefanie Mras, Maria Myskiw, Karina Ruseva, Simon Uebleis-Lang (Studierende); Karin Harather, Renate Stuefer (Lehrende)

Die Frage einer produktiven Zusammenarbeit stellt sich in der Praxis auf mehreren Ebenen, da sich Beteiligte mit unterschiedlichen Hintergründen und verschiedenen Aufgaben, Strukturen und Herangehensweisen koordinieren müssen. Das Rote Kreuz als Betreiberin der Notunterkunft war mit wechselnden Weisungen des Innenministeriums konfrontiert und arbeitete unter den schwierigen Bedingungen, welche die Lage in allen Notunterkünften – welche Hilfsorganisation diese auch betreiben mag – kennzeichnen. Die Leiterin der Vorderen Zollamtsstraße, Martina Burtscher, sowie Marie-Zoe Grausam, die alle Initiativen (sowie deren MitarbeiterInnen) koordinierte, bewiesen von Beginn an große Kooperationsbereitschaft. Sie waren im besten Sinne „Ermöglicherinnen", auch motiviert durch ihr persönliches Engagement, das weit über einen „Dienstauftrag" hinausreichte. Trotz der enormen Belastung, den Alltag bestmöglich zu bewältigen, stellten sie unermüdlich Ressourcen zur Verfügung, um unsere Angebote (die der Angewandten im Café VoZo wie die des Displaced-Teams der TU Wien) und andere Projekte zu koordinieren.

Für ihre transdisziplinäre Zusammenarbeit trafen die Studierenden der Angewandten wie der TU Wien eine Aufgabenteilung, die auch den Schwerpunkten der jeweiligen Studiengänge entsprach: Unter der Leitung von Stephan Trimmel (Absolvent von Social Design im Studienjahr 2015) wurden das Café VoZo sowie eine Tischlerwerkstatt eingerichtet, in der auch das Mobiliar für die Einrichtung des Cafés gemeinsam mit den BewohnerInnen hergestellt wurde. Sarah Podbelsek (eine Studentin der Abteilung Grafik Design an der Angewandten) hat im Zuge einer Befragung der BewohnerInnen den Namen für das Kaffeehaus sowie ein Logo entwickelt, mit dem sich – über Sprachbarrieren hinweg – auf die laufenden Programmangebote im Kaffeehaus hinweisen ließ.

Das Displaced-Team der Technischen Universität konzentrierte sich auf räumliche Verbesserungen der Infrastruktur, während Social-Design-Studierende und ihre KollegInnen der Angewandten diverse Projekte umsetzten, die mit künstlerischen Mitteln den kulturellen Austausch und die Zusammenarbeit zwischen BewohnerInnen und „Beheimateten" förderten:

Stephan Trimmel
Boundaries and Bonds

The "urbanize!" festival 2015 addressed the topic "do it together" and took place in the building of Vordere Zollamtsstraße 7 (VOZO) at the beginning of October 2015. Just a few weeks before the festival started, the building was assigned as emergency housing for interim use by refugees. During the ten days' time of the festival, which addressed the topic of cooperative urbanism, up to 1.400 persons were living in the building. The former tax authority building in the city center of Vienna facilitates 150 liveable rooms, on 30.000 square meters, on five floors, and thus is the biggest refugee shelter in Vienna. During the ten days of the festival the building turned into a honeycomb of creative ideas and people in a setting that felt ambiguous.

The end of the festival was the beginning of the formation of a group of volunteers who had gotten to know each other during the festival. We felt close through the shared experiences we had made and collectively formulated our aim: to set up a café that later on would become the structure for daily programs. We designed and worked on setting up the café by leaving the doors open in order to respond to questions and interests by people from the in- and outside of the house. By action and interaction with the refugees we managed to establish trust and continuity that have become a principle of our collaboration. We worked *with* the refugees and not *for* them. Together with them we installed facilities like a carpentry that is open for the refugees to build small furniture for their own rooms. The Café VoZo is run by a handful of refugees from the house on their own. We invite people to work with us and to develop an individual approach on their own behalf that can be an offer, a project, a workshop or an event for the people in the house. We offer services and coordinate and support the residents for realizing their ideas and projects by guiding them around pitfalls and formalities. The Café VoZo sets a ground for collaboration between students from the University of Applied Arts, the team of "Displaced" (students from the Vienna University of Technology), residents and professionals of a wide variety of fields and skills through which we endeavor to amplify and enhance (inter)action. Our aim is to support willingness and to engage the refugees on a personal level up to the point where they take over responsibility.

2 Zusammen arbeiten, zusammen leben: teilen

oben:
Tischlereiwerkstatt in der Vorderen Zollamtsstraße 7,
April 2016 | Foto: Stephan Trimmel

unten:
„Dance Empowerment", Vordere Zollamtsstraße 7,
Februar 2016 | Foto: Ulduz Ahmadzadeh

In der Folge entwickelten StudentInnen von Social Design temporäre Projekte, die mit künstlerischen Mitteln die Kommunikation und den kulturellen Austausch zwischen „Beheimateten" und „Ankömmlingen" anregten und den BewohnerInnen eine halböffentliche oder auch auf eine Gruppe konzentrierte Plattform boten, um sich angesichts schwieriger Bedingungen[40] und extrem eingeschränkter Möglichkeiten während eines laufenden Asylverfahrens ein wenig emotionalen Raum anzueignen. Ein besonderes Augenmerk auf die Situation der Frauen in der Flüchtlingsunterkunft legte das Projekt von Ulduz Ahmadzadeh, die Social Design studiert hat und ursprünglich aus dem Iran stammt:

Ulduz Ahmadzadeh
Dance Empowerment

Im Projekt „Dance Empowerment" kamen Frauen in der Notunterkunft in der Vorderen Zollamtsstraße 7 aus dem Irak, Syrien, dem Iran, Kongo, Jemen, Somalia und Afghanistan einmal pro Woche zusammen und teilten ihre Tänze sowie ihre Lieblingsmusik.
Das Café VoZo wurde jedoch nur selten von Frauen besucht. Es bestand also eindeutig ein Bedarf nach Förderung der Kommunikation zwischen den Frauen untereinander und nach einem Programm, das Frauen unabhängig von ihrem gesellschaftlichen Status einen geschützten Raum bot. Das Medium Tanz hat die wunderbare Eigenschaft, ohne Worte über den Körper kommunizieren zu können und gegenseitige Akzeptanz, Wertschätzung und zahlreiche andere soziale Kompetenzen und Werte zu fordern und zu fördern. Der Prozess, sich auf eine vielseitige, stark gemischte Gruppe von Frauen einzulassen, kann selbstbestimmtes Handeln anregen und dazu führen, neue Handlungsmöglichkeiten zu erkennen und umzusetzen.

Außerdem spielt Tanz eine wesentliche Rolle in den sozialen Netzwerken vieler Gesellschaften in den Herkunftsländern der Frauen und enthält Informationen über kulturellen Habitus, Glauben, Sozialverhalten, ästhetische Normen und Werte. Diese kulturellen Identitäten in einer neuen, ungewohnten Umgebung in Erinnerung zu rufen und zu erleben kann Halt und Zuversicht geben. Obwohl das Tanzen (vor Männern oder auch generell) in fast allen Herkunftsländern der Bewohnerinnen strengstens verboten ist, finden Tanzveranstaltungen unter Frauen dort regelmäßig statt und bilden einen wichtigen Rahmen für Rituale, Folklore, Bildung, politischen Diskurs und zwischenmenschliche Beziehungen.[41]

Ich habe mir die Aufgabe gestellt, Methoden zu entwickeln, die einen partizipatorischen Umgang schutzsuchender Frauen miteinander fördern – vor allem in dieser sehr speziellen Phase der Ankunft und der Erstaufnahme – und die Frauen in ihrer schwierigen Situation dabei zu unterstützen, mit ihren kulturellen Ressourcen, ihren inneren Stärken und sozialen Werten in Verbindung zu kommen. Es entstand ein Raum, in dem sie eigene Talente (wieder)entdecken, sich gesehen, wertgeschätzt und respektiert fühlen und die wohlverdiente Aufmerksamkeit bekommen. Indem sie sich selbst und die anderen als wirksame und starke Frauen wahrnehmen lernen, werden sie Vorbilder füreinander.

Im bisherigen Prozess ging es nicht darum, sich für einen Auftritt oder einen Wettbewerb vorzubereiten, einen bestimmten Tanzstil zu erlernen oder die dramatischen Erlebnisse des Kriegs und der Flucht darzustellen, sondern darum, sich in einer friedvollen Atmosphäre kennenzulernen, auszutauschen und ein soziales Netzwerk aufzubauen. Es hat sich schnell gezeigt, dass es spezifische Methoden braucht, um die Teilnehmerinnen zur kulturellen Durchmischung anzuregen, da die Vorurteile der einzelnen Gruppen (Ethnien) groß sind.

Für die Realisierung des Projekts wurde eng mit den zuständigen MitarbeiterInnen des Roten Kreuzes zusammengearbeitet, die auch die Idee des Projekts sofort willkommen hießen.

Die Teilnehmerinnen der Tanzveranstaltung wurden in zwei Gruppen eingeteilt:

Große Gruppe: Jede Frau und jedes Mädchen, die an der Veranstaltung teilnehmen will, ist herzlich eingeladen. Es gibt keine Beschränkungen. Eine Voranmeldung ist nicht notwendig.

Die Forschungsgruppe: In den ersten Stunden habe ich bemerkt, dass viele meiner Zielsetzungen in einer allzu großen Gruppe und folglich in einer unkonzentrierten Atmosphäre unmöglich umzusetzen sind. Deswegen habe ich mich entschieden, eine kleinere Gruppe von Frauen zu versammeln, die ich die „Forschungsgruppe" nenne. Zusammen haben wir die Möglichkeit, tiefer zu gehen, uns unter diesen entschleunigten Rahmenbedingungen mit den auftretenden Themen auf vielen Ebenen auseinanderzusetzen, Gefühle und persönliche Geschichten zum Ausdruck zu bringen, zu sehen und mitzufühlen.

Ein Beispiel für die angewendeten Methoden:

Länderspiel: Jedes Herkunftsland bekommt einen Platz im Raum und ein Namensschild. Die Frauen verteilen sich nach Herkunftsländern (Verstärkung der kulturellen Identität). Jedes Land präsentiert ein Lied und einen Tanz. Die anderen beobachten: Dadurch können sie eigenes Kulturgut präsentieren und sich anerkannt und respektiert fühlen.

Die Teilnehmerinnen aus den anderen Gruppen versuchen, die vorgezeigten Schritte zu erlernen. Die Gruppenleiterin gibt die leitende Funktion ab. So entwickeln sich wechselseitiges Lernen und Respekt.

Für die Studierenden bedeutete es eine große Herausforderung, den richtigen Ton zu treffen und Angebote zu machen, die nicht aus einer missverständlich „gönnerhaften" Position heraus formuliert wurden. Diese Schwierigkeit betrifft alle, die nicht in klar bestimmten Rollen agieren, wie z. B. SozialarbeiterInnen oder die vielen Freiwilligen, die konkrete Programme wie Deutschkurse, Sportprojekte, Ausstellungsbesuche, Kinderbetreuung, Malwerkstätten, Theaterspielen u. v. m. anbieten. Solche Programme sind wesentlich, um den eintönigen Alltag in Notunterkünften zu bewältigen und Möglichkeiten zu schaffen, Flüchtlingen die so fremde österreichische Gesellschaft näherzubringen oder sie zumindest zeitweise aus ihren traumatischen Fluchterfahrungen und aus dem permanenten Wartezustand herauszuholen, dem sie während des Asylverfahrens ausgesetzt sind. Die Projekte der Social-Design-Studierenden ergänzten somit die funktionalen Aspekte (wie räumliche Adaptierungen) durch Modelle, welche die herkömmlichen „Integrations"-Formate erweitern, um einen Austausch und wechselseitiges (Kennen-)Lernen auf Augenhöhe zu ermöglichen, wovon auch Beheimatete profitieren können.

Anna Misovicz, Angéla Góg
Taste of Home
A collaborative project[42]

A bite, a sip, a smell in the air – who would not know the sensation of a sudden taste or smell evoking a memory, a certain feeling, a strong emotion? Taking another bite, remembering a familiar place, a known face, an intimate atmosphere, leading us to an inner space where we come from, where we are rooted in.

The "sense of home" and the feeling of belonging are very complex emotions, related strongly to the perception of ourselves. They form our identity, connecting us to our past

„Taste of Home", Vordere Zollamtsstraße 7, Jänner 2016
Foto: Barbara Holub

and defining our position in the present. "Taste of Home" aims at sharing diverse senses of belonging according to different cultures through taste, initiating an exchange of ideas about what home essentially means to us.

Personal stories of taste and home by refugees were collected, and specific food ingredients and various tastes were then transformed into new food creations. Food functions as a medium that is easily accessible to many and is able to create connections of shared experience. The "Taste of Home" collection started with stories nestled in arriving and building a new (sense of) home by Viennese with a refugee background. The first "Taste of Home" event took place at Café VoZo, where the storytellers' (who have migrant backgrounds but had lived in Austria already for a while) experiences were able to share perspectives with people who recently arrived and are currently living in uncertainty. Through collecting stories and tastes a pastry was created, a "travel package", that was made of ingredients embedded in the stories of those participating. Discussing the meaning of home and its changing significance according to certain periods in life through pastries offered a situation for easily accessible exchange and communication between the participating inhabitants of the shelter as well as for visitors from outside.

"Taste of Home" contributes to negotiating the self-image of people belonging to our "homebased" society and culture by providing an access to foreign cultures and people – thus creating connections that were not anticipated. The collection of tastes and stories is growing, leading to further events and a flourishing "Taste of Home" community.

Das ambulante Radioprojekt „50 Hz" wiederum geht auf die Zusammenarbeit einer größeren Gruppe zurück und greift Musik als nonverbale Verständigung auf. Ein mobiles Radiostudio bot den BewohnerInnen zudem eine Plattform, aus der Anonymität der verallgemeinernden Masse der „Flüchtlinge" herauszutreten.

50 Hz – ein ambulantes Radiostudio

Wir sind eine bunt gemischte Gruppe von Studierenden, AbsolventInnen, KünstlerInnen und MusikliebhaberInnen[43] und haben uns zusammengeschlossen, um ein gemeinsames Radioprojekt namens „50 Hz" umzusetzen. Dafür bauen wir wöchentlich im Gemeinschaftsraum einer Wiener Flüchtlingsnotunterkunft (bis Juni 2016 in der Vorderen Zollamtsstraße 7) ein Radiostudio auf und veranstalten Radiosessions. Wir laden die BewohnerInnen ein, ihre Lieblingsmusik vorzustellen, sich darüber zu unterhalten und sie gemeinsam anzuhören. Spontan, experimentell und in unterschiedlichsten Sprachen wird Musik zur niederschwelligen Schnittstelle für einen Dialog und das gemeinsame Produzieren von „50 Hz". Was an diesen Nachmittagen an Liedern, Lieblingsstücken und InterpretInnen angehört, präsentiert, gespielt und gesungen worden ist, ist später einmal monatlich in unserer Sendung „50 Hz – gefragt, gesagt, gespielt, gehört" auf Radio Orange zu hören. Das Projekt wird finanziell komplett von unserem Team getragen, wir erhalten keinerlei Subventionen.

Hintergrund: wir empfinden die mediale Berichterstattung in Zusammenhang mit Flüchtlingen als einseitig. Begriffe wie „Flüchtlingswelle" oder „Einwanderungsströme" erwecken den Eindruck, als würde es sich bei den derzeitigen Migrationsbewegungen ausschließlich um „Massen" handeln. Diese Sprache weckt mitunter Assoziationen mit Naturkatastrophen und lässt vergessen, dass es sich bei den ankommenden Menschen um Individuen handelt. Die traumatisierenden Umstände, welche die Flüchtlinge zu ihrer Flucht bewegten und die sie auf ihrer Flucht weiterhin erfahren, werden durch die Ankunft in einem (vermeintlich) sicheren Land in den prekären Umständen der Notquartiere kaum aufgelöst. Sind die Flüchtenden selbst im medialen Blick, werden sie meist ausschließlich in ihrer Rolle als Geflüchtete gezeigt und nicht als jüngere oder ältere, schüchterne oder extrovertierte, gesellige oder gern allein seiende Menschen mit Vorlieben und Abneigungen wahrgenommen. Natürlich stehen die Sicherheit, das Überleben, Grundbedürfnisse wie Nahrung oder der Schutz vor Kälte an erster Stelle. Dennoch braucht es (auf längere Frist) mehr, damit ein gutes, gleichberechtigtes und fruchtbares Zusammenleben entstehen kann.

„50 Hz" bietet den geflüchteten Menschen, wie sie beispielsweise in der Vorderen Zollamtsstraße 7 untergebracht waren, eine Art Sprachrohr. Zugleich präsentieren die Flüchtlinge den HörerInnen eine Stimme und eine Geschichte, die eine alternative Narration zu den üblichen Medienberichten schafft. Zwei Mitglieder des Teams sind selbst nach Österreich geflüchtet und leisten zusätzlich wichtige Übersetzungsarbeit.

Durch das gemeinsame Produzieren und den Schwerpunkt Musik wird für Menschen, die sonst meist von der aktiven Teilhabe an der österreichischen Medienlandschaft ausgeschlossen blieben, ein niederschwelliger Zugang geschaffen. Auch ist uns der Musikaustausch mit dem arabischen Raum wichtig, der bislang in den österreichischen Medien wenig präsent blieb.
Über die Sendung, über Musik haben wir begonnen, ein Netzwerk aufzubauen, das HörerInnen – unabhängig davon, ob sie schon lange in Wien wohnen oder derzeit als Flüchtlinge in Notunterkünften leben – miteinander verbindet.

Die KünstlerInnen Daniel Aschwanden und Conny Zenk laden mit ihrem Projekt „mobile_stories" Flüchtlinge ein, ihre Herkunft und ihre Kultur zu zeigen. Das Projekt arbeitet ebenfalls mit dem Aspekt, „Flüchtlinge" als Individuen anzusprechen und ihre persönlichen Geschichten in ihrer Einzigartigkeit zu zeigen. Für Beheimatete wird dadurch auch die Vorstellungskraft freigesetzt, was es bedeuten mag, wenn ein gesamtes Leben auf die Bilder in einem Smartphone kondensiert wird.

Daniel Aschwanden, Conny Zenk
Mobile_stories, a Social Media performance

By providing an encounter with images out of the mobile archives of refugees and local dwellers *Mobile_stories* establishes a climate of communication and understanding for cultural differences as well as similarities and initiates a dialogue between different inhabitants of the city, challenging all of them by negotiating situations, values and attitudes.
Storytelling, dancing, selfexpression, projections are the media of a transdisciplinary practice shaping the performative format conceived by Daniel Aschwanden and Conny

„Mobile_stories", Vordere Zollamtsstraße 7, Februar 2016
Foto: Daniel Aschwanden

Zenk. It aims at generating new impulses in actual discourses around topics of integration. Personal data stored in smartphones serve as material for artistic reflection and practice dealing with deconstructions of more and more liquid identities. The collections of images, videos and sounds are found again in chats and social media apps, representing personalized descriptions of users and formulating identities. Which are the stories your smartphone can tell? Sounds and images form landscapes of personal memory being translated into narrated maps. Key agendas are made up by topics like family, occupation, hobbies, journeys. But also singular „objects" like a tool, a passport, may play exceptional roles. Differences become obvious, when what might just be of casual importance for somebody, may be seen as the ultimate object of desire by someone else.

The public enactment and its wittnessing by a present collective open up a space of self empowerment, support a commonly shared artistic ritual of grief work as well as an exploration of the new social surroundings.

Das Displaced-Team der TU hatte sich – wie bereits erwähnt – mit architektonischen Konzepten darauf konzentriert, eklatant fehlende Infrastruktur wie etwa Duschen zu schaffen sowie räumliche Verbesserungen umzusetzen, war doch die Notunterkunft als ehemaliges Verwaltungsgebäude für eine Wohnnutzung in keiner Weise ausgestattet. Durch die neuen Qualitäten, wie eigens definierte Bereiche für Frauen, Kochzonen oder Verbesserungen in den Zimmern, konnten die Lebensräume für die Flüchtlinge in deren ohnedies schwierigem Alltag maßgeblich verbessert werden. Diese Aktivitäten wurden jedoch durch behördliche Bestimmungen eingeschränkt, die nicht auf solche akuten Notsituationen ausgerichtet sind und dafür keine Sonderregelungen vorsehen. So dauerte der Kampf um die Genehmigung der Duschcontainer, die im Hof aufgestellt werden sollten, viele Monate. Auch das Vorhaben, mit Textilien vorübergehende Privatzonen zu schaffen, wurde durch Bestimmungen für öffentliche Gebäudenutzungen („schwer entflammbar") erschwert, die im Wohnbau nicht zum Tragen kommen.[44] Die Notunterkunft verfügte schließlich dank der Mithilfe vieler Freiwilliger u. a. über eine Bibliothek, eine Kindergruppe, eine Näh- und eine Radwerkstatt. Zudem wurden regelmäßig Deutschkurse abgehalten und laufend kulturelle Angebote (auch in der Stadt, außerhalb der Unterkunft in der Vorderen Zollamtstraße) von Freiwilligen initiiert und betrieben.

Eine solche Zusammenarbeit von ExpertInnen aus verschiedenen Disziplinen und von engagierten Personen der Zivilgesellschaft stellt ein realisiertes Modell dar, wie räumliche und sozio-kulturelle Potenziale und Bedürfnisse in einer langfristigen Strategie für „neue Formen des Zusammenlebens" von Beheimateten und Heimatlosen aus verschiedenen Einwanderungsgenerationen langfristig im Sinne des *Bienvenue* miteinander verknüpft werden können und den kulturellen Austausch auf Augenhöhe fördern.

„Green Lights" – TBA21

Eine andere Form der Zusammenarbeit mit Flüchtlingen wurde von TBA21 – Thyssen-Bornemisza Art Contemporary im Herbst 2015 initiiert und von Februar bis Juni 2016 realisiert. Das Projekt „Green Light" des Künstlers Olafur Eliasson sollte über den Verkauf eines von ihm entwickelten Licht-Objekts, das als Multiple in den Räumen der TBA21 gebaut wurde, Gelder zur Unterstützung von Flüchtlingen lukrieren. Ein wesentlicher Aspekt des Projekts – zusätzlich zur Produktion der „Green Lights" – war ein intensives Rahmenprogramm. So wurde der Ausstellungsraum auch für Projekte der Studierenden zur Verfügung gestellt. Diese Einladung bot vor allem durch den Kontextwechsel eine Möglichkeit für neue Erfahrungen: Wie begegnet man Flüchtlingen

(die die Studierenden teilweise aus der Vorderen Zollamtsstraße kannten) nun im Ausstellungskontext? Welche Rolle spielt der Kontext in Bezug auf das eigene Verständnis von Identität?
Olafur Eliasson hatte das „Green Light" als ein „metaphorisches" Objekt konzipiert. Die „Green Lights" wurden von Flüchtlingen produziert, die während der Dauer des Projekts in verschiedenen Notunterkünften in Wien wohnten. Da Flüchtlinge nicht bezahlt werden dürfen, erhielten sie im Gegenzug für ihre Arbeit zertifizierte Deutschkurse, die aus dem Verkauf der Lampenobjekte (ein „Green Light" kostet € 300,-) finanziert wurden. Social Design entwickelte im Rahmen des Projekts zwei Veranstaltungsreihen:

Brigitte Felderer, Herwig Turk
Two programmes by the Social Design Studio at TBA21

The two series *Shared Activities* as well as *A Cup of Stories* are a continuation of the Social Design Studio's work in a Viennese refugee camp (Vordere Zollamtsstraße 7) throughout the winter semester 2015/16.

Shared Activities open up spaces for encounters and exchange: the starting point for mutual understanding and dialogue. This series of events transgressed the location by searching for new ways of learning. The projects experimented with inclusive approaches of knowledge production. We wanted to re-evaluate, what is generally understood as valuable knowledge and why so. The series hosted events as diverse as an Afghan kite building workshop, an event dealing with the connections of flavours and notions of home, a dance empowerment workshop, a chess tournament and a workshop of digital storytelling which had been coordinated by Miriam Hübl.

For the series *A Cup of Stories* we developed a series of storytelling sessions with artists, intellectuals and teachers from

different cultural backgrounds. Storytelling is not a new concept for connecting people. It has been a practice that has brought people together in many different cultures for centuries. In the Levant, Damascus and Cairo storytelling was practiced by the "Al Hakawati", the storyteller. Storytelling creates occasions where people get the chance to listen, learn, understand the past and socialize. By sharing our stories, we invited each other into our worlds. This enhanced our interconnectedness, awareness and possibilities for fruitful interaction. It is well said by Janet Litherland: "Stories have power. They delight, enchant, touch, teach, recall, inspire, motivate, challenge. They help us understand. They imprint a picture on our minds. Want to make a point or raise an issue? Tell a story."
Team: Jana Alaraj (Palestine), Mu Bo (China), Andrea Navarrete Rigo (Mexico) with guests Fariba Mosleh (Austria), Lutz Alexander Keferstein (Mexico) and Brigitte PRINZpod (Austria)

Austauschbeziehungen:
Zwischen Konkurrenz und Kooperation

Das überraschende Engagement unzähliger Freiwilliger, die sich auf vielfältige Weise seit Herbst 2015 engagiert hatten und mittlerweile abseits größerer medialer Aufmerksamkeit in vielen selbstinitiierten Projekten innovative Formate für gelebte „Integration" vorführen, bildet den Anlass, grundsätzlich über Austauschbeziehungen nachzudenken. Richard Sennett unterscheidet fünf Segmente von Austauschbeziehungen: Den „altruistische[n] Austausch, zu dem auch die Selbstaufopferung gehört; de[n] *Win-Win*-Austausch, aus dem beide Seiten Nutzen ziehen; differenzierende[n] Austausch, bei dem die Partner sich ihrer Unterschiede bewusst werden; Nullsummenaustausch, bei dem der Nutzen der einen Seite auf Kosten der anderen geht; und Austauschbeziehungen, bei denen nach dem Prinzip ‚der Gewinner erhält alles' eine Seite alles und die andere nichts erhält."[45]

Die Projekte sind Beispiele für eine Zusammenarbeit im Sinne von „Win-win"-Austauschbeziehungen[46], da hier ein persönlicher und emotionaler Mehrwert für alle Beteiligten geschaffen wird, der – wie im Falle der Freiwilligen und der MitarbeiterInnen von Hilfsorganisationen, die sich oft über ihren Dienstauftrag hinaus engagieren – jenseits ökonomischer Werte angesiedelt ist. Diese Form der Austauschbeziehungen beruht auf Gegenseitigkeit. Es sind – nach Richard Sennett – „meist eher Prozesse mit offenem Ausgang als eine präzise Liste der Gewinne und Verluste"[47].

Wie viele Menschen, die sich für Flüchtlinge in verschiedensten Initiativen einsetzen, erfahren durch das Gefühl, etwas Sinnvolles für die Gesellschaft beitragen zu können, ein neues Selbstbewusstsein? Allein diese Qualität ist für Menschen aus einer beheimateten Gesellschaft, die nicht selten unter Vereinsamung und mangelnder Anerkennung leidet, von nicht zu unterschätzendem Wert. Auch viele MigrantInnen der jüngeren Generation engagieren sich nach wie vor intensiv und leisten damit nicht nur einen wichtigen Beitrag in einer Akutsituation, sondern erfahren zudem, dass sie in Zukunft wesentliche und neue Rollen in unserer Gesellschaft einnehmen können. Nun sind ihre Kenntnisse und Eigenarten auf einmal gefragt – oft genau ein Wissen, das bisher als Nachteil oder gar Makel (des Andersseins) galt. Viele Menschen haben sich selbst ermächtigt und in der spontanen Zusammenarbeit mit Unbekannten erfahren, dass die Notwendigkeit eines gemeinsamen Handelns über möglichen Differenzen steht – und dies mit Menschen, denen sie unter anderen Umständen wohl gar nicht begegnet wären. Dieses Erleben von neuen und selbstgeschaffenen Gemeinschaften ist eine Kraft in der Mitte der Gesellschaft, die einem wahrnehmbaren Wandel von der ursprünglichen viel gepriesenen „Willkommenskultur" zur Abschottungskultur umso intensiver entgegenzuhalten ist.

3 Lehren, lernen, arbeiten

Es ist ein Anliegen des Social-Design-Studienprogramms, Studierenden durch konkrete Projekte auch Möglichkeiten für eine Berufslaufbahn zu eröffnen. Da es für das eigentlich alte und in der Berufswelt dennoch neue Fach Social Design bis jetzt kaum Stellenausschreibungen gibt, sollen die StudentInnen dahingehend gefördert werden, Felder zu erkennen, in denen sie selbst Initiative ergreifen und so auch neue Arbeitsstrukturen oder Projekte schaffen können. Die Thematik der Migration und die damit verbundenen Umwälzungen – nicht nur in Europa, sondern weltweit – werden langfristig ein komplexes Theorie- wie Praxisfeld für „Social Design – Arts as Urban Innovation" bedeuten. Deshalb betrachte ich Social Design auch als „Arts as Societal Innovation".

Der Workshop „Arriving – A Right to Space for All. New Ways of Cohabitation" war so angelegt, dass den Studierenden Einblicke in Wissen und Erfahrungen zu den Themenfeldern Flucht, Migration und Ankommen anhand lokaler und internationaler Beispiele eröffnet wurden. Gäste und Vortragende waren beispielsweise Ahmad Majid, der seine Initiative *immipreneurs* vorstellte, die jungen UnternehmerInnen mit Migrationshintergrund Unterstützung und Finanzierungsmöglichkeiten bietet. Diese Informationen sind insbesondere wichtig, da AsylwerberInnen nicht arbeiten dürfen, allerdings selbstständig erwerbstätig sein können. Julian Pöschl berichtete von *Train of Hope*, einer Initiative, die ein herausragendes Hilfsprogramm für Flüchtlinge am Wiener Hauptbahnhof organisierte und sich dabei flacher bzw. keiner Hierarchien höchst effizient zu bedienen wusste. Die Filmemacherin Nina Kusturica sprach über ihre Erfahrungen während der Dreharbeiten zu ihrem Film „Little Alien" und die Begegnungen mit Flüchtlingen, deren Schicksale sie über Jahre hinweg verfolgte. Wir waren zu Gast im *magdas* Café und seinem Initiator Clemens Foschi, als einem Beispiel für Social Entrepreneurship der Caritas. Der Wiener Rechtsanwalt Wilfried Embacher berichtete über die juridischen Bedingungen von Asylverfahren in Österreich und die arbeitsrechtlichen Bestimmungen. Er engagiert sich seit den 1990er-Jahren maßgeblich in Fällen von Migration wie in Asylverfahren. Der Künstler Georg Winter zeigte aktuelle Projekte von Studierenden der Hochschule der Bildenden Künste Saar (Saarbrücken), in denen gemeinsam mit Architekturstudierenden der Hochschule für Technik und Wirtschaft des Saarlandes Modelle für das Ankommen erprobt und ein Projekt im 1:1-Maßstab realisiert wurden.[48]

Georg Winter stellte den Studierenden im Workshop folgende Aufgabe: Es galt eine Situation im urbanen Raum in Wien zu wählen und dort zwei Stunden zu warten. Anschließend sollten die Studierenden ihre Wahl erläutern und von ihren Erfahrungen während des Wartens berichten. Eine solche Aufgabenstellung regt einen reflexiven Prozess an, der üblichen Erwartungshaltungen an eine Aufgabe, einen Auftrag entgegentritt: Wird im professionellen Umfeld nicht meist erwartet, Lösungen und Methoden für Problemstellungen zu liefern oder relevante „Best Practice"-Beispiele aufzuzeigen? „Warten" konterkariert diesen Anspruch Lösungen zu erarbeiten. Warten heißt Nichtstun für eine manchmal unbestimmte, manchmal auch definierte Zeitspanne. Warten bedeutet in unserem westlichen Verständnis Nichteffizienz. Die Studierenden waren nun in einer limitierten Zeitspanne dieser Erfahrung des Wartens und der Nutzlosigkeit ausgeliefert. Die Situation erzeugte eine unangenehme Ambivalenz, da sie sich dem Nichtstun ausgelie-

fert hatten – und gleichzeitig aktiv waren. Sie mussten auf Fragen von Umstehenden antworten. Und selbstverständlich war ihnen bewusst, dass die Aufgabenstellung in Zusammenhang mit der Situation von Flüchtlingen gestellt worden war. Den Studierenden machten also die Erfahrung, wie schwierig es schon für sie war, nur zwei Stunden zu warten – und wie diese Erfahrung in keiner Weise vergleichbar mit dem Zustand war, der Flüchtlingen aufgezwungenen wird.
Betrachtet man die Aufgabenstellung als Methode, wird schnell klar, dass diese als künstlerisches Mittel eingesetzt wurde, um auch die Lehre in einem angewandten Studium wie Social Design zu reflektieren. Soll es darum gehen, Methoden zu vermitteln, die zielführend für die Bewältigung konkreter Aufgabenstellungen sind? Oder geht es nicht auch darum, Situationen zu schaffen, in denen sich konkrete Erfahrungen machen lassen? Die Frage ist, wie Haltung und Handlung gleichermaßen gefördert und Strategien so vermittelt werden, dass sie zugleich das Bewusstsein und die Sensibilität dafür schärfen, neue Methoden oder auch erprobte Lösungsansätze für konkrete Kontexte zu adaptieren.

Georg Winter
„High mad?" Nein: "Heimat" / Psychotektonische Übungen mit Anderen

„Na ja, nichts Besonderes eigentlich. Versuchen Sie, nett zu anderen zu sein, vermeiden Sie fettes Essen, lesen Sie hin und wieder ein gutes Buch, verschaffen Sie sich genügend Bewegung, und bemühen Sie sich, mit Menschen aller Nationen und Religionen in Frieden und Eintracht zusammenzuleben. Na ja, das war`s – hier ist unsere Erkennungsmelodie. Gute Nacht."

Monty Python

Am 3. November 2006 fliehen elf Personen der forschungsgruppe_f auf einem Floß aus der Shedhalle Zürich / Rote Fabrik über den Zürisee. Das Floß war als Metapher der Flucht von der forschungsgruppe_f aus acht Benzinfässern für die Ausstellung „Colonialismus without Colonies" gebaut worden. Migration, postkoloniales und neokoloniales Verhalten waren Gegenstand der Gruppenausstellung. Bald war klar, dass wir die Floßmetapher neben den vielen gut gemeinten und ambitionierten Ausstellungsbeiträgen dazu benutzen, bei der Eröffnung aus dem Seitentor der Halle mit Hilfe von dreißig Freiwilligen unter den Augen der erstaunten VeranstalterInnen und deren Anwälten das Floß auf den See zu tragen und in der Nacht über den See aus dem Kontext zu fliehen. Was wartet auf der anderen Seite? Die Diskrepanz und Widersprüche zwischen politischen und sozialen Ansprüchen der Arbeiten des kuratorischen Konzepts im realen Umfeld der Schweizer Migrationspolitik und einer künstlerischen Positionierung, die in erster Linie um sich selbst kreist, hatten wir es satt, den gutwilligen aber bequemen Kunstrezipienten vorzuspielen, da es hier wirklich und unbedingt um die soziale, politische Arbeit an der Gesellschaft mit künstlerischen Mitteln und Methoden geht.

Werner Heisenberg verglich unsere gesellschaftliche Situation mit der eines Stahlschiffes, das aufgrund der schieren Eigenmasse nicht mehr mit dem Kompass navigiert werden kann und sich im Kreise dreht. Er hält es für wichtig das Problem zu erkennen und einzusehen, dass Methoden, die eine Zeit lang funktionierten, unter veränderten Bedingungen nicht mehr funktionieren, um dann neue Methoden der Navigation zu suchen. Sind es wieder die Sterne oder ein neuer Kompass, der nicht auf Stahl reagiert? Muhanad, der bei mir einzieht, trägt eine große kaputte Uhr am Armgelenk. Sie erinnert ihn an die Flucht und hat ihn übers Meer begleitet. Er wartet nicht darauf, dass sie wieder funktioniert. Sie hat eine neue, andere Funktion. Misst sie Geduld? Weiter Heisenberg: „Es ist immer sehr schwierig, über den Wert politischer Ziele zu urteilen, wenn deren Erreichung noch in weiter Ferne liegt. Ich glaube daher, dass man eine politische Bewegung nie nach ihren Zielen beurteilen darf, die sie laut verkündet und vielleicht auch wirklich anstrebt, sondern nur nach den Mitteln, die sie zu ihrer Verwirklichung einsetzt." Wenn wir künstlerische, gestalterische Mittel in politischen Zusammenhängen einsetzen, sehe ich die Gefahr, dass wir uns Bedingungen schaffen oder aussetzen, für die diese Mittel ungeeignet sind oder dass wir im Heisenbergschen Sinne daran arbeiten müssen die Mittel aufeinander abzustimmen. Übrigens: Wir sind nie wieder zurückgekommen. 2006 war die sichtbare Ermüdung der Kunstszene zu spüren, sich nebst Documenta und anderen Veranstaltungen mit dem Thema der Migration zu beschäftigen. Zehn Jahre später können sich Menschen, die aus persönlichen, politischen, sozialen und künstlerischen Dynamiken heraus an den Fragestellungen geblieben sind oder bleiben müssten (Duldung und Abschiebung!) und Erfahrungen gesammelt haben wieder einbringen und eines kurz aufflammenden Interesses sicher sein. Es scheint mir jedoch, dass systemisch bedingt immer wieder Schaumkronen gesucht werden, ohne ins Wasser einzutauchen. Der Kunstbetrieb lebt vom Wellensurfen, was oft gut aussieht und die eigene Balance und Figur betont, während andere im selben Meer, am selben Strand ums Überleben kämpfen. Wenn Sie diesen Text lesen, zählen Sie zu einer kleinen Gruppe von Menschen, die den Spielraum des Zweifelns, der Zwiefalt nutzen können, um sich einige strukturelle Gedanken zur gestalterischen Motivation im Feld der akuten gesellschaftlichen Verfasstheit von Flucht, Flüchtigkeit und Migration zu machen. Ein Hochschulinstitut mit dem Namen „Social Design – Arts as Urban Innovation" könnte es schaffen, tatsächlich aus diesem eklatanten Widerspruch zwischen Anspruch und Wirklichkeit, den ich seit 1992 an den europäischen Universitäten erlebe, auszubrechen. Ich fordere Sie auf, ähnlich einer Autoimmunerkrankung den eigenen Hochschulkörper und sich selbst anzugreifen. Vorsicht ist geboten, weil die regressiven Teile der Gesellschaft die Schwächung und Infragestellung überkommener Modelle zu verhindern suchen und die Einführung neuer Praktiken als Angriff auf sich selbst wahrnehmen. Also greifen wir an, was uns angreift – auch wenn wir es selbst sind. Wenn hier von Angreifen gesprochen wird, so könnte es mit dem Erarbeiten einer neuen Begrifflichkeit verbunden sein, die eben verlangt, dass wir unsere eigene Sicherheit verletzen, dass wir etwas anpacken. Gerade an Universitäten und im Kunst- und Kulturbetrieb treten kognitive Verzerrungen auf, die aus dem sehr persönlichen Ringen um die Wirklichkeiten der Einzelnen und der Wechselwirkung mit den Anderen im Feld gemeinsamer Konstruktionen peinliche, ja unglaublich selbstreferentielle Formen annehmen und die Gesellschaft zu dem machen, was wir eigentlich verhindern wollten. „Es gibt Winkel dieser Gesellschaft, in denen die oft gedankenlose Unmenschlichkeit als System fortlebt. Es gibt den beißenden Kontrast des Geredes von der Humanität zu der Gleichgültigkeit gegenüber dem Leben, diese Mischung von

„Fluctuat nec mergitur": „Es schlingert, aber wird nicht sinken" oder „Von den Wogen geschüttelt, wird es doch nicht untergehen", forschungsgruppe_f, Zürichsee, November 2006
Foto: Lisa Biedlingmaier

theoretischer Humanität und praktischer Unmenschlichkeit, die Deutschland (gilt auch für Österreich, A. d. V.) zuweilen so unerträglich macht." Ralf Dahrendorfs Satz begleitet mich über die Jahre als Kompass des Zweifels, der bei gewissenhafter Anwendung die Verzweiflung an den Sachverhalten und Paradoxien verhindert, sodass zwischen Skylla und Charybdis navigiert werden kann.

Im Gegensatz zu Menschen, die, wie in den letzten Jahren häufig geschehen, Zeit damit verbracht haben, vorsätzlich Feuer zu legen, wo andere Wärme brauchen, gehe ich davon aus, dass die kognitiven Verzerrungen unserer eigenen Wahrnehmung und Wirklichkeitskonstruktion als Missverständnisse gesehen werden können. Dass die Motivation, wenn zum Beispiel der Künstler Ai Wei Wei mit einer Reihe unsäglicher Kunstaktionen (... legt sich selbst in der Position eines toten Flüchtlingskindes an den Stand ...) die Arbeit an der hypertrophen Künstleridentität mit Empathie für die existenzielle Dramatik der Flüchtlinge verwechselt, trotzdem gut gemeint ist. Um diese Fehler zu vermeiden und nicht nur um ein falsches, überkommenes System zu legitimieren, dieses weiterhin zu bestätigen, in Sicherheit zu wiegen oder aus Egoismus und Formalismus die Rettungswesten und Rettungsdecken abzunehmen, verlangt es ein Arbeiten an den Anteilen der Problematik, die uns selbst ausmachen, die wir in die Situationen mitbringen. Die unbedingte Situation schaffen, und hier meine ich mit „unbedingt" die Verbindung zwischen bedingungslos und dringlich, die es braucht, wenn wir uns auf neue soziale Interaktionen einzulassen bereit sind, verlangt die Entschärfung der vorhandenen hierarchischen Strukturen. Praktisch bedeutet das ein Entgegenkommen der Anwesenden den Hinzukommenden gegenüber ohne die Bedingungen für diese Annäherung einseitig zu stellen, sondern, unbedingt, soweit es die persönliche Verfassung erlaubt, die neue Situation anzunehmen. Das „Flüchtigenproblem" sind wir – und die Nähe zum „Flüchtlingsproblem" liegt in der sozialen Dynamik. „Die Leichtigkeit, mit der Terror und Normalität, Destruktivität und Konstruktion sich angleichen, ist durchaus neu."[49] Das stetig Neue an der schon vor Jahrzehnten von Herbert Marcuse erkannten Differenzproblematik ist jedes Mal aufs Neue die erschreckende Banalität der unmittelbaren Situation.

Eine psychotektonische Übung könnte die Arbeit mit der Dialektik in Herbert Marcuses Aussage sein, dass Theorie und Praxis, Denken und Handeln keinen gemeinsamen Boden finden. Die Bodenlosigkeit ist eigentlich eine ganz gute Voraussetzung, um auf das Stellen von Bedingungen an andere und an sich selbst zu verzichten. Der Boden ist ein Territorium, welches uns gerade in schwierigen Zeiten unter den Füßen weggezogen scheint. Damit zu arbeiten ist gefährlich. Eine vermeintlich sesshafte Kultur oder eine Kultur der Ansässigen zieht vieles auf den Boden und verlangt die Verbindung über die Gravitation der Anbindung an den Grund. Die Verbindlichkeit im Sinne emotionaler und transzendentaler Erfahrungen ist oft grundlos. Der Begriff „ansässig" ist hässlich. Es wundert nicht, dass unsere Lehrmethode ohne den Lehrstuhl auskommt und die Universität im Koffer sein kann. Es ist das Spazieren. Grundlos spazieren, bodenlose Verbindungen sind der Luxus der eigentlichen Universitäten. Der Fluchtgrund ist genau das Gegenteil der freien Bewegung. Die Flucht und damit auch die Zuflucht sind begründet. Es wäre ein Fehler diese Unterschiede nicht zu erkennen. Was kann die Spaziergängerin, der Spaziergänger der Flüchtenden, dem Flüchtenden nützen? Das grundlose oder bedingungslose Teilen von Spielräumen verlangt ein Gefühl für Verhältnisse und die Einsicht, dass sich dadurch für alle Beteiligten etwas ändert. Wer auf der Flucht ist, ist zwangsläufig und unumkehrbar in dem Prozess der Veränderung und im Kampf zwischen Varietät und Regression. Wer den Spielraum besitzt und sich darin gut eingerichtet hat, tut sich schwerer Änderungen vorzunehmen. Deswegen erleben wir oft, dass die Notleidenden in Zusammenhänge gebracht werden, die letztendlich in erster Linie den Ansässigen dienen, die auch die Bedingungen in die Hand nehmen und vorlegen. Menschen, die wirklich teilen und sich auf Veränderungen einlassen, sind für den Universitäts-, Kunst- und Kulturbetrieb schnell überflüssig und uninteressant. Das tägliche Übersetzen der sich ähnelnden Behördenanträge, das Sitzen und Warten im Job-Center, die Sprachkurse, Kinderbetreuung etc., die aus humanitärer Sicht wirklich notwendigen Maßnahmen verlangen Geduld und Zeit. Die desolate Staatsführung verlässt sich auf viele

Freiwillige, die sich einsetzen und damit ihren manchmal mühevoll erarbeiteten Spielraum gefährden, weil der gesellschaftliche Rahmen die bestraft, die einfach etwas grundlos abgeben und die Beteiligung praktizieren.

Ankommen! Perspektiven der Flucht in einer flüchtigen Gesellschaft. 6. Mai 2015

„Kein Tag ist der Bruder, die Schwester des anderen Tages."
Rom aus Budapest auf die Frage: „Was tun wir morgen?"
Während das Roma Büro die Bildungsoffensive „Ankommen! Perspektiven der Flucht in einer flüchtigen Gesellschaft" an verschiedenen Universitäten und Behörden betreibt, sind reziprok die Roma-Kinder im Kindergartenalter angehalten, an einer vorbereitenden Schulung zur bevorstehenden Abschiebung in die neuerdings sicheren Herkunftsstaaten teilzunehmen. Im Ordnungsamt Freiburg kommen kurz nach dem Workshop an der Abteilung Social Design Zeichnungen der Kinder zum Thema „Angst vor Abschiebung" zur Ausstellung. Ungeachtet der Proteste werden vor dem internationalen Roma Day (8. Mai) allein am 23. März 2016 achtzig Roma aus Baden Württemberg abgeschoben, 31 nach Serbien und 49 nach Mazedonien. Dass auf eine jahrzehntelange „Duldung" derart regressive Maßnahmen folgen, sobald neue Katastrophen hereinbrechen, zeigt die fragile Verfasstheit unserer europäischen Werte.
Der Vorschlag von Tomas Wald (Roma Büro Freiburg), das Wissen und die Erfahrungen der Geduldeten, Anerkannten, Abgeschobenen, Eingebürgerten, Geflohenen, Reisenden, Anwesenden, Fremden zur Linderung der Flüchtlingsproblematik für Ansässige – im Sinne von Beratung, Ausbildung, Erfahrungsaustausch – anzubieten, hat Kooperationen mit Kunst- und Kultureinrichtungen, der Politik, dem selbstorganisierten Bürgertum, den Universitäten u. a. zu Wege gebracht. Die oft Generationen übergreifenden Erfahrun-

gen mit den Interdependenzen der Auffassungen von Topographie, der Lokomotion, den Differenzierungskonstrukten, der Psychotektonik, der kognitiven Verzerrung, der Varietät und der Regression, den vielschichtigen Wahrnehmungsmodellen vorübergehender Gesellschaftsformen machen die Sinti und Roma zu den Europäern, die wir dringend benötigen, um die aktuellen Notwendigkeiten eines europäischen Selbstverständnisses zu bearbeiten.

„Das Roma Büro ist eine Selbsthilfeorganisation von derzeit zumeist Roma-Kriegsflüchtlingen aus dem ehemaligen Jugoslawien, aber auch aus Rumänien und Bulgarien. Wir wollen keine Alimentierung mitsamt Abstellen im Abseits der Depression, sondern arbeiten und unser Leben selbst gestalten – also selbst für unseren Lebensunterhalt sorgen, um unseren Kindern eine sichere Zukunft zu eröffnen. Wir wollen nicht nur unsere eigene Kultur bewahren, sondern auch durch Interaktion mit den reichhaltigen regionalen Kulturen Kultur in einem neuen Europa mitentwickeln."

Tomas Wald

„Leben in flüchtigen Zeiten bedeutet, mit der Ungewissheit umzugehen – mit der zunehmenden Fluidität der wählbaren Lebensformen und der Dialektik von Angst und Sicherheit, mit dem Wachsen der sozialen Ungerechtigkeit und dem ‚Überflüssigwerden', mit der Globalisierung und dem Permanenzstatus des Flüchtlings".[50]

Auf Initiative von Tomas Wald (Roma Büro Freiburg e.V. Selbsthilfeverein der Roma) und Prof. Georg Winter, S_A_R Projektbüro*, die auf der Basis gemeinsamer Erfahrungen und Kooperationen die Ausstellung „Stadtentwicklung und Migration" (2013) durchführen, entstand eine Arbeitsgruppe mit Akteuren der htw saar, SAS Schule für Architektur Saar, dem S_A_R Projektbüro der HBK Saar, dem Roma Büro Freiburg e. V. und der Universität des Saarlandes u. a.

„Europa und insbesondere Deutschland erleben gegenwärtig eine Welle von Migration in allen ihren Facetten – Bildungs-, Arbeits- und Abenteuermigranten sowie Armuts-, Kriegs- und Umweltflüchtlinge. In den Großstädten wird es eng, die Preise steigen, eine neue Wohnungsnot entsteht und der Wohnungsbau läuft heiß einerseits. Und andererseits stößt das Aufnahmesystem samt Lagerhaltung für Flüchtlinge an seine Grenzen. In den Ballungsräumen entstehen wilde informelle Siedlungen. Unter der Hand ‚krempeln' sich die Städte in rasantem Tempo um." Migration ist für die Städte heute eine ähnliche Herausforderung und Treiber ihrer Entwicklung wie im 19. Jahrhundert die Industrialisierung. Wie dauerhaft und wie stark Migration sein wird, ist dabei schwer kalkulierbar. Aber kaum etwas gebärdet sich gegenwärtig so rückwärts gerichtet wie der Städtebau: So werden Gedächtnisse der Vergangenheit steinern wiedererrichtet, Städte wie Freiluftmuseen konserviert, während die Realitäten als „kalter Wind" der Globalisierung durch die Städtelandschaften weht." Gemeinsam suchen wir Ideen für die Planung und Entwicklung zur praktischen Neugestaltung der Ankunftskultur. Hierbei unterscheiden sich die Dynamiken der Projektentwicklung. Künstlerische Positionen, Stadtentwicklung und -planung finden Schnittmengen und tauschen sich aus. Die verschiedenen Methoden und Zugänge der unterschiedlichen Fachrichtungen werden berücksichtigt und kommuniziert."
Auszug aus dem Ausschreibungstext Roma Büro, 2014

Den TeilnehmerInnen des Projektes wurde durch das Roma Büro die Aufgabe gestellt: „Durch die steigende Anzahl von Flüchtlingen in unseren Städten brauchen wir mutige Lösungsvorschläge, die nicht nur mit den herkömmlichen Mitteln beantwortet werden. Trostlose Containereinrichtungen und lieblose Asylantenheime an isolierten Randlagen der Städte provozieren Konflikte mit dem Umfeld, die oftmals als culture clash empfunden werden. Wie können wir sinnvoll den Prozess des Ankommens unterstützen und von den unterschiedlichen kulturellen Identitäten profitieren? Nötig sind mutige Ansätze zur Umgestaltung der Ankunftskultur, vom Asylbewerberheim zum Ankunftsquartier mit kulturellen Potenzialen. Architektur, Design, Medien, Stadtplanung, -forschung und Kunst können hierbei mit ihren Mitteln einen wichtigen Beitrag leisten. Die Gesellschaft braucht Menschen, die dies anpacken können und wollen."

„Während die gesellschaftliche Gesamtverfassung formale Gleichheit der Rechte garantiert, konserviert sie stets noch das Bildungsprivileg und gewährt die Möglichkeit differenzierter und fortgeschrittener geistiger Erfahrung nur wenigen."
T. W. Adorno

Die „Wenigen" nach Adorno sind heute, 2016, oft nicht an den Universitäten zu finden, wo die Varietät einer Einfalt Platz gemacht hat, die sich fächerübergreifend in den gesellschaftlichen Zusammenhängen etabliert. Das Bildungsprivileg besteht nach wie vor, nur muss in diesem Bildungssystem die geistige Erfahrung gesucht werden. Ein Ansatz könnte die Entwicklung neuer Studienbereiche sein, die den Spielraum für Erfahrungen ermöglichen, in dem die Risikobereitschaft für neue Formen der Kooperationen eingeräumt wird. Dass sich Universitäten über die Erfahrungen der Sinti und Roma unterrichten lassen und die Fähigkeiten, die aus oft entbehrungsreichen Zusammenhängen generiert wurden, Anerkennung und Nachahmung finden, ist der erste Schritt eines gemeinsamen Weges, „Ando Drom", auf gleicher Augenhöhe.

„Wir müssen die Verantwortung für einen Gestaltungsvorgang übernehmen, dem wir nicht gewachsen sind."
Joseph Beuys

Jemanden als Flüchtling zu bezeichnen fällt mir schwer, auch wenn es sachlich richtig ist. Meine Mutter weinte noch in den 1960er-Jahren, wenn ich sie nach diesen eigenartigen „...lingen" befragte und die Bedenken der Einheimischen, zu denen wir nie gehörten, vortrug, von wegen „Making Heimat". Ein fruchtbares Befremden. Ich fühlte mich immer zu Hause. Heute fürchte ich mich vor mir selbst, wenn überhaupt.[51]

In einer intensiven Diskussion mit dem Direktor des Humanitarian Innovation Project an der University of Oxford, Alexander Betts[52], konnten sich die StudentInnen mit konkreten Projekten und den Forschungen des Refugee Studies Centre (University of Oxford / UK) befassen.

Conversation with Alexander Betts

Sebastian Kraner, Que Chi Trinh, Miriam Hübl, and other students of the Social Design Programme
as well as Herwig Turk (HT), Barbara Holub (BH) and Daniel Aschwanden (DA) at the Social Design Studio / University of Applied Arts, Vienna, Oct. 30, 2016.

Alexander Betts — How can we re-think innovation and design from the perspective of people? The common thread running through my interests in my work is not to try and impose our ideas on other people, but to recognize the talents that they bring, the skills they offer, and the opportunities available to them and their communities.
The UK position in the current refugee debate has become a very complicated position. It's different from that of many other governments in Europe. And it's not been a generous or sympathetic position. Throughout most of the summer the prime minister of the UK, David Cameron, was portray-

ing refugees as political economic migrants. The government was using language like "swarm", which means a group of insects, or "marauding", as the former secretary said, which means a group of people about to steal things.

Sebastian Kraner — How do you criticize politicians, or is it also because you were talking about the possibilities for migrants, because opening up is a way to include people in societies or just to open up societies? How do you work with criticisms? You are a scientist, so how do you work with politics and science? How does that go together?

I don't come from an arts or design background. I'm interested very much in the social science questions, but my background is as a political scientist. I have a commitment to refugee rights, that's my starting point. Nobody works on these questions, just because they are sort of academically curious about them. But then I try to make sure that my research is methodologically rigorous and sound, but I don't see that as incompatible from arguing about politics and criticizing politicians. In the summer months there was a lot of media interest in the research we do and I have been very critical of my own government, of European governments, and quite out-spoken. Behind the scenes I spend a lot of time talking to politicians, trying to advise them. They don't always listen to me, but the balance is that we are prepared where necessary to be critical and where necessary to be constructive. Some people occupy positions in one guise or other. That's great, as it can be complementary. I'm always prepared to have a dialogue and suggest how things could be different, because politicians face constraints. They're only as good as they believe their electoral position can be. The nature of the politician is to seek election. If you can help a politician to get elected while doing good things, so much the better.

You are confronted with situations that differ from country to country and place to place. How do you start thinking about resolving the situation we are facing now? Do you follow role models from the past? Or do you try to develop new strategies you think are going to work on the basis of your experience and strategies at that time?

That's a great question. I mean, what's happened over the last few months placed me in a different position than that of a usual researcher, because I've ended up advising the United Nations, the US government and a lot of European governments. And I often think the policy makers in these debates have no awareness of history. They don't necessarily know what has worked, what hasn't worked. There's a temptation to re-invent the wheel. And so I think a lot of the time that what researchers can do is provide a broader set of actions and some sort of analysis of what has worked in the past – also geographically, of what has been tried in other parts of the world. And it's a difficult balancing act, which sort of innovation and design context really matters. So, it is about historical comparisons or comparisons with other parts of the world. You have to be very sensitive to context. The next crisis situation is not the last crisis situation. But I think you can really still learn from history. For example, I think there are a couple of big mistakes that have been made in the European crisis. One is to believe that Europe hasn't seen extensive numbers in such challenges in the past. Europe faced massive refugee movements after the Second World War. Much more recently, the Bosnia crisis and the Kosovo crisis have huge similarities. In 1992 the European Union faced over 600,000 asylum seekers. In 2001 the number was over 400,000. Yes, they are a little bit less than today, but there were big spikes. The other thing we miss are situations in the past where the world worked together and found solutions, for Vietnamese refugees for instance after the end of the Vietnam War. Literally millions of Indo-Chinese refugees crossed in boats to South-East Asian countries, to Malaysia, Thailand, Singapore, the Philippines. Many of them drowned, as we see to today in the Mediterranean. And there was public outrage. But the world came together. Those people re-settled to other countries and there were solutions. So I think if we forget the past and ignore the comparisons, we miss opportunities to do things differently. But that still has to come with an understanding of the particular context, a contextual understanding.

What do you think is the difference now, when you say that we all know that there were these crises and there are refugee movements? Why do you think that solidarity has weakened somehow?

Maybe we can consider this big success moment of Indo-Chinese and Vietnamese refugees: a dark point in history, but there were a few things that were unique. The United States government had a sense of guilt and complicity after the Vietnam War. I don't think there is the same embarrassment or contrition that Western governments feel today, that they failed with their interventions like in Iraq, Afghanistan and to some extent Syria. I think the moment at the end of the Cold War presented opportunities that were historically unique for solutions – a sense of movement and a sense of commitment to human rights and solidarity. I think what hasn't been adequately acknowledged in the current situation is that there is massive anti-Muslim fear. And people are not prepared to say that in the debate. But implicitly, governments are anti-Muslim, or sensitive to anti-Muslim sentiment, but very few people are prepared to articulate that and criticize it as a xenophobic attitude within political debate. After the Vietnam War, people and countries were prepared to open their borders and say, we made a bit of a mess in a particular part of the world and we have to show them solidarity. There was a commitment to European Muslims in the case of Bosnia and Kosovo. There's something about Muslims from the Middle East that European voters are deeply uncomfortable with and that's not said clearly enough.

Que Chi Trinh — I am Vietnamese and I know about Vietnamese refugees in Germany, in Oberhausen. They didn't get along well with the local community, since there were hardly any opportunities for them to learn German and get a higher education. And a relative of mine was a refugee in the US. He fled when he was eight years old. First he lived in Malaysia in the Pulau Bidong refugee camp for five or six years. Then he came to the US, but he had difficulties studying because of his poor English; and he was not prepared for the different culture and thus developed mental problems. He took out a loan but could not finish college. That's why he joined the army, to pay off his debts. He was sent to Iraq for two years and is now considering staying in the army and giving up education, as he cannot see any other solution. Education is very important. If you have no higher education, you cannot integrate in the community.
Do you have any solutions to resolve this situation with young refugees, because they have to spend a long time in refugee camps without being able to study?

One of the biggest tragedies that we have at the moment is that it is becoming very normal not to find long-term solutions for refugees. The world finds it hard to address fragile states and civil wars and dictatorships. That means refugees aren't refugees for just a year or two; they're refugees for an average of 17 years. That creates a huge waste of humanity and it's a tragedy for young people in particular. Young people are born in camps and sometimes also become adults in camps. They miss out on their best years of formative education. And it's completely unnecessary. At the absolute minimum we should be thinking creatively about refugee education in constraint scenarios. But equally, at a much deeper level in a world where we have globalization, where we have new opportunities, surely we can re-think what it is to be a young refugee in that situation. It shouldn't be the case that people are in that situation for so long, and even if there is a period of limbo there's a lot more we can do creatively. Refugee camps are dreadful things. They deprive people of their rights. Sometimes they're necessary as an emergency base to give people food, shelter, clothing. But beyond that they become a tragic sort of situation. But if they are necessary, we should think about them differently and design them differently. Why should a refugee camp be like a prison? Why shouldn't it be like a university campus?

HT — Do you have any success stories that you could quote here, where refugee camps have slightly different structures, probably from the Zaatari camp in Jordan? And are things happening anywhere else?

Interestingly, a lot of the successes you see don't happen through solutions imposed or devised from the outside; they happen because of things that grow from the grassroots. Let me give you two examples: One of the contexts we work in is Uganda. We chose Uganda because it's got a different model. They actually give refugees the right to work. They are allowed a significant freedom of movement. That's different from other countries in East Africa. Kenya makes refugees stay in camps and has a horrendous set of camps, called the Dadaab refugees camps. There are half a million Somalis, many of whom have been there for twenty years, with very few opportunities. In contrast to Kenya, Uganda has open settlements, and it allows refugees to move to cities. So the Nakivale settlement in Uganda is like a thriving economic city. You have huge entrepreneurship and flourishing interactions between the Somali community and the Congolese community. You have Ugandans coming and setting up businesses. You have refugees setting up businesses that employ people on different scales. There is enormous flourishing activity just by the government keeping out of peoples' way, letting them get on with their lives. You get that sort of organic opportunity, and the settlements don't look like temporary camps. Yes, they are not perfect, but there are opportunities there. Another example I can mention is the fact that, for the first time in the last couple of years, UNHCR, the UN refugee agency, had the opportunity to design a refugee camp from scratch. Usually the way camps work is you set up something for the emergency, and what was designed for the short term just de facto becomes a city over 5, 10, 15 years. But in Jordan they had the chance to build a designed refugee camp called "Azraq" in Jordan, which was designed in 2012. They were able to negotiate the site of that camp and to design every aspect of it, based on everything they had learned. And it is an absolute disaster. It is a place in the desert built on a former military site. You arrive and you have almost something like a hotel reception. You are given the keys and a plan of the site with its facilities. It's uniform, it's linear, it's structured. It's the design and architecture equivalent of monocultural agriculture. It's the refugee camp equivalent to Brasilia or Chandigarh or Canberra. It's had all the organic interaction of life taken out of it and has an imposed structure of living. So, even though it has sports facilities like football pitches and basketball courts, they are uniform spaces and the result is Azraq. It's working at a fraction of its capacities. People don't want to live there. In the few areas where life is flourishing, it's because people impose and reassert their sense of design on top of the imposed design of the United Nations. But every aspect of that, that imposed design, hasn't worked. That is not to say we couldn't come up with better design solutions. But they have to interact with real people. Otherwise they end up being a kind of disaster.

DA — You mentioned entrepreneurship and design several times. There were several examples of refugee camps where the people in charge recognized that once they give refugees a certain freedom to design, an economy suddenly started to develop. What have you learnt from your encounters with these people and what opportunities do you see?

Becoming a refugee makes people adapt. And as they adapt they are likely to have the tendency to innovate at the entrepreneurial level. They face new social networks, new legal frameworks, new sets of markets, and that creates serious constraints, but it also creates opportunities for them to do new things. Many have to adapt to survive. In Uganda we collected data on the economic lives of refugees, and it was really the first time that kind of work had been done. We did a lot of qualitative research, semi-structured interviews, focus groups. But we also did a survey and it showed this spectrum of businesses. And we discovered businesses that vary in size dramatically and are very creative. For instance, one Somali entrepreneur created a business where he collected recycled televisions and recycled games consoles. And he would charge young refugees a small fee to play video games. Another Congolese entrepreneur created a cinema for Congolese refugees. A Rwandan created an innovative rain water gathering system to cool a maize milling system. And that maize milling system then milled so much maize that at one point during a new influx of refugees UNHCR paid him to employ other Rwandan refugees and mill maize to provide an emergency response to the new influx of refugees. So, there's a lot of entrepreneurship. But refugees also report massive constraints: that they can't get access to banking; there are massive restrictions on banking. There are limits to access to capital unless they have relatives abroad sending them remittances. There are challenges of xenophobia. They often don't have access to the Internet and adequate connectivity. All of these things they highlight as barriers. Many of these barriers are quite easy to overcome. If governments and international organizations stop thinking they have to intervene and provide for all needs and try to create a better enabling environment instead. There are things that can be learned from societies with high levels of innovation and entrepreneurship. The US is one such country which is why a little bit of the inspiration for the project came from the time I spent in Silicon Valley, around Palo Alto in San Francisco. Now of course, there is a strong aesthetic and rhetoric around ideas of innovation that come from that part of the world. And you can't just apply that neatly to a refugee community. But there are things we can learn about how to enable and facilitate innovation and entrepreneurship within communities.

BH — What I'm interested in is what we can learn from the refugees for our own home-based society. The unique potential of this so-called crisis situation is that the crisis questions our concepts of planning. We cannot resolve issues the way we used to resolve them. The current situation of ongoing migration is the result of what we have been producing in a post-colonial situation, not by individual countries any more, but through the globalized neoliberal economy and governance. This creates another, completely different perspective for the next decades, for which we don't have any solutions, for which politicians and decision makers don't want to come up with any large-scale solutions since this would call into question the globalized economic system.

How could we find new ways of collaborating on an equal footing with the different experiences of refugees? We often talk about what refugees can give back to our communities, how they can create some kind of income, and another status for themselves by taking the initiative to become entrepreneurs. But doesn't this keep the refugees in this generalized status of being refugees, being "the others", owing something to our society? We tend to focus on the ones who are clever enough to become entrepreneurs and thus wanted and welcome. But even if we train them all, not everybody can become an entrepreneur. This is also a big misunderstanding when artists are considered as new role models for living in precarious situations, since artists are used to coping with unforeseen developments. They should rather be considered experts in these new societal challenges – on an equal footing with other expertise.

I agree. It's a big project to think of how we look at refugees and to do so on a different basis. I think it's been very interesting in the current crisis that people are really struggling as the public to realize that someone can be a refugee and yet not be just a purely vulnerable victim. For instance, today there was data published showing that, of the Syrians coming to Europe, three quarters have been men and a quarter women. People look at that and they immediately think, well, if there is a gender imbalance in the people coming here, they must be coming to seek jobs and as voluntary economic migrants. For the rest it is far more complicated. The reality is that they are refugees. But as families many of them go to Lebanon and Jordan. They have to take their savings and capital with them. When they run out of savings, they need to get jobs. They can't get jobs so they make choices about particular family members moving to Europe. What that highlights is that refugees can't have agency. But being a refugee doesn't have to be the defining part of your identity. It's an immigration status. It involves a set of legal entitlements to human beings in very unusual positions, but it's not an identity in itself. You, like everybody else, have multiple fragmented identities. And for some reason, in this crisis the general public doesn't see that these are people with multiple identities, one of which happens to be a particular immigration status. So I think one of the projects as a public we have – and this is where I think the arts can play a big role – is that of re-thinking the public perception of what it is to be a refugee. The connotations we have of vulnerable humanitarian victims in camps belong in a different era. The connotation of when people come here, they have to have our support, that they have to be on benefits, needs to be re-thought. And I think you're right to say it's not just a case of what we can learn about how to support them, but what they can do to support themselves. It's also about what they can teach us, about models of how we interact with them. One of the histories of immigration in general has been that it transforms cultures and enriches them and helps them innovate and adapt. And there are so many ways of doing that and one of the real triumphs of people becoming refugees is that they adapt, that they innovate in their social lives, in their cultural lives to a new context, and we can learn from that, both in the sort of formal sense of reverse innovation from a different context and also with regard to what it teaches us about our cultures, our societies, and the way we respond to people with differences.

BH — All of a sudden we are confronted with values that we used to have, values of community, sharing and care-taking that disappeared over time, and on the other hand with values that are alien to our European culture. One of the perspectives I would like to pursue within the larger project of a Welcome Centre / a "Bienvenue" is how forgotten and abandoned values could be re-considered, or re-enhanced by val-

ues of ethical understanding. "Values" is a big topic, on all different levels. It means re-considering our society from a deeper point of view, triggered by the current refugee situation. With your experience in all those different countries, I'm sure you also encountered many of those situations.

The dynamics we see between very gritty European citizens and refugees coming from outside Europe replicate in other parts of the world. We tend to assume that it's very easy for Kenya or Uganda or Pakistan or Iran to absorb refugees. There is a process of negotiation between insiders and outsiders, and what the challenge of refugees does is to impose on us the question of values between what a philosopher would describe as the things we regard as special obligations towards our family, our friends, our neighbors and co-nationals versus general obligations to people as human beings. And I think that in a way this is an opportunity to interrogate our values because it allows us to reassess our ethical frameworks. And the people to whom we feel we have a commitment and some degree of solidarity beyond family, friend, neighbor, community, other citizens.

DA — I totally agree with what you say. On the other hand, if we have a look at how the systems are reacting at the moment, there is a very defensive reflex, which you can see all around Europe, and it's the same in Australia and other places where there is a very harsh political right-wing attitude towards the situation, which is often simplified, drawing on fear rather than on analysis. How to deal with a re-distribution of wealth?

It's also an emotional issue, so people respond to it quite emotionally and that provides an opportunity to channel that emotion to something constructive. I think it's right to say that the refugee question is built on structures of global inequality. It's built on post-colonial structures, questions of the inequitable distribution of wealth around the world. And in many ways the emotional fear, I think, towards refugees is a fear of the global poor. We fear the global poor coming to Europe; we'd rather keep them out in other parts of the world and retain our islands of privilege that exist for historical reasons. But I think one of the reasons why the refugee discourse is problematic is it can obscure and engage with some other underlying aspects of global society. It means that we can address the symptoms but not the true causes of why these problems exist. We don't have to think about why Syria is in the mess it's in, we don't have to think about the interventions that have taken place in Iraq and Afghanistan, we don't have to think about the post-colonial legacy of inequality with Africa. We can ignore the fact that we are exporting arms to many of the countries where these wars are taking place. And re-settling a few thousand people from refugee camps doesn't address those underlying challenges. Even as a society we can't resolve all these problems immediately. Enabling people to understand that what we see is the sort of tip of an iceberg with a much deeper structure of global inequality, which connects to the global economy and to certain values of how we structure the global economy.

HT — The welfare state has been declining from the late 1970s on and inequality has been growing ever since. There is not much hope that there will be a rethink, right? It rather looks as if it would crash to a certain extent because there are hardly any role models. I think these co-learning spaces, welcome centers, etc. would be very important structures that society would benefit from. We are really looking for positive or interesting models that we could apply. It is small victories that I'm looking for.

The general trend is the decline of welfare states. And I think the more you have societies that have high levels of immigration and welcome immigration, the greater the strain on the sustainability of welfare states. Empirically we see that in Scandinavian countries where they had the ability to sustain high levels of government expenditure. And democratically that starts to be called into question after periods of immigration. Whether that's a sort of a social scientific law or it's just something that we have observed happening in recent histories is often the question. But welfare states become less and less sustainable in an integrated global economy. Countries start to move, not necessarily all the way, but towards models that are a bit like the US: immigrant societies, diverse societies, but with less commitment to the underlying social contract.

BH — But that's not a given law, right? I mean that is based on decisions.

HT — And the economic figures would prove more of the same. Our social insurance system would benefit a lot from refugees; they would actually reduce the gap between the generations. But it costs immensely, and we will suffer from it.

That's right, that's a bit of a choice, but I think it takes political vision to re-imagine what solidarity means and what kind of a social contract exists without a hidden agenda. And I think there are many models for doing that. Only they haven't become very prevalent, because communities haven't organized, electors haven't mobilized the challenge. It's very easy to reduce the cultural commitment to welfare states over time. It's a lot harder to rebuild when they're declining or to come up with alternative models.

BH — Exactly. Austria used to be a role model. And if you see the erosion of the Austrian welfare state that has occurred on a continuous basis during the last three decades, it's appalling. It's very easy to destroy, but it would take ages to build it up again. So, the question is, since you are in the position of advising governments, how much impact do you have or to what extent are you able to make use of your position?

One of the problems with governments and global governance structure is that they are very compartmentalized. So, it does not easily join up. So, where I offer input is generally on refugee policies. And it tends to be in those narrow areas.

BH — … which is one segmented part rather than the whole system.

Yes. And so I mean I have no impact or influence on questions to do with the domestic level of welfare state structures. And at the international level I have no influence on things to do with trade and development policies. And it means that inevitably that's a very limited window, especially if it connects to these fields. And I've even seen that the people in government ministries have those challenges because of the way in which governments are divided and structured. Even at an international level. The home affairs people don't talk to the foreign policy people, they don't talk to the development people. Sometimes the development people don't talk to the humanitarian people. It's very compartmentalized in the way experts feed into it, and that also becomes compartmentalized.

Miriam Hübl — It seems to me to be a trend of getting together on the topics of innovation and refugee interactions. Innovation itself has become incredibly sexy in all sorts of fields. It has become a trendy buzzword somehow – to innovate, but not to make something better. This innovation topic is very often related to entrepreneurship. And I'm wondering if this is becoming a trend also in the humanitarian sector. And if so, I would like to ask about the more problematic aspects of that. Because as we had heard before, not everybody can become an entrepreneur, because obviously there is a lot of risk that you take when you try to do that. Since refugees very often are in a very vulnerable situation, the risk is much greater for them. Like the former early innovations in that field, like the market credit innovation by Mohamad Yunus, which was highly criticized because the women that were taken on with these microcredits were suddenly under severe pressure in that all needed to work in whatever they had worked before to keep their families, but they also often ended up in debt. And I also see a connection with this question of solidarity. The way we perceive the means of help or assistance towards refugees and this entrepreneurship very often is like saying if you have the skills, you do it yourself. Is this not a little bit in conflict with a maybe old-school, solidarity concept of what assistance should be?

What a very great question. There are lots of risks to the language of innovation. It can mean everything and nothing. And it has become a buzzword that's very attractive, all the more so because it has been borrowed from the private sector. And it can mean radically different things. As it's become more and more common in the humanitarian sector, in about the last four or five years; it's been used for particular purposes by particular actors and it's attractive to UN organizations because they use it to fundraise from the private sector, because they think it sounds good to the business sector. And that allows them to build partnerships with business. It's often not even used in the context in which it's used in the innovation and management studies literature. It's often used in ways that are very removed from that. So, there is a way in which you can critique it as basically a neoliberal discourse as one serves the interests of business in the private sector, legitimizes the involvement of the humanitarian realm and possibly opens up a space within which to work with vulnerable populations and even to be exploitative. One of the things we've done recently recognizing that, as part of the world humanitarian summit process taking place in Istanbul in May 2016, is to try to develop world humanitarian principles for ethical humanitarian innovation. And we were in the workshop in Oxford with people from international organizations and experts from medical ethics, business ethics and humanitarian ethics considering many of the bad things that can happen with innovation. We've seen examples of this. There's a San Francisco based company called "Samasource" and it does what's called micro-work. It has contracts with companies like LinkedIn and Facebook, and it goes to places like Kenya and India and gets people to do data entry on low salaries. They tried to do that with refugees in the Dadaab camps in Kenya, and it was a disaster. Partners of NGOs and Care International and refugees explained that they were exploited. So, we've tried to build a set of principles and say what humanitarian innovation is and if it is humanitarian it's got to be for a humanitarian purpose. Humanitarian is always designed, decided and determined by serious principles. Equally if you claim to be humanitarian, that has to be the goal and purpose of that activity, not loyalty to shareholders or anything like that, which may be incompatible. We've been through a series of principles to outline what should happen. The problem there is, you can't stop businesses working with refugees or vulnerable populations. They will do it. Governments will let them do it, if the incentives are strong enough. What you can do is establish standards and codes of conduct that enable us to collectively say, if you do this as a business it's illegitimate and you will be regarded as acting inappropriately. In other areas where codes of conduct have been designed to regulate business behavior they've had positive effects. So I think there are real risks and it needs principles and standards to try to ensure that there is no abuse with vulnerable populations. I think the other thing that is really important is that innovation can be good or bad, it can have positive or negative effects. I mean one of these innovative organizations in the world is probably Al-Qaida. Terrorist networks innovate all the time. Criminal networks innovate all the time. There's nothing inherently good about something that's innovative. Innovation just tells you something about a process of adaptation and change. For me, it's just a methodology of change. It's ethically and normatively… it tells us nothing about the content of all those changes. I agree very much with your analysis. It begs the question of why one uses the term innovation and why one participates in this debate. I think it's in part because it is powerful and it's a chance to co-opt a language that has influence and channel it into something that can be productive and can promote a focus on refugees or, more broadly, on humanitarian crises, on crises of ethnic communities, on agency and adaptation. But yes, not all of them can be entrepreneurs. But everybody adapts in their day-to-day lives and everybody has skills, talents, aspirations that can be built on.

Die öffentliche Debatte um die Flüchtlingssituation ist nicht selten geprägt von einer Konfrontation zwischen „Bedürftigen" und „GönnerInnen". Dem gilt es entgegenwirken. „Bedürftige" sind oft nur vorübergehend in einer Notlage – in ihrem Herkunftsland waren sie es oft nicht: Ein Flüchtling zu sein ist keine Berufsbezeichnung und sagt auch nichts über eine Identität aus. „GönnerInnen" nehmen als großzügig „Gebende", als „Schenkende" eine übergeordnete Position ein – und so scheinen auch Klagen über die angebliche „Undankbarkeit" der Flüchtlinge mit einem Mal legitim.

Die Konfrontation kreist meist um die Frage, inwieweit und wie lange es Menschen zuzumuten sei, in einer Notsituation Arbeit zu verrichten, die ihrem eigenen Selbstverständnis oder beruflichen Hintergrund nicht entspricht. Müssen Flüchtlinge dankbar sein? Oder werden sie nicht durch unausgesprochene Erwartungshaltungen unter Druck gesetzt? Die aktuelle Geringschätzung oder Nichtwahrnehmung der Fähigkeiten von Flüchtlingen zeigt sich in ihrer willkürlichen Verteilung auf Städte bzw. ländliche Regionen, bei der weder die beruflichen Hintergründe in Betracht gezogen werden noch auf die Bedürfnisse des Arbeitsmarkts eingegangen wird. Dies sind verlorene Möglichkeiten für beide Seiten. Deshalb führte ich zwischen Oktober 2015 und Mai 2016 in dem Notunterkunftsquartier in der Vorderen Zollamtsstraße 7 informelle Gespräche mit den Bewohnerinnen und Bewohnern, um ihre Ausbildungswege und beruflichen Hintergründe zu erfassen. Die Gespräche bilden die Grundlage dafür, Möglichkeiten zu finden, Flüchtlingen auch in ihrem noch ungeklärten Asylstatus Angebote oder auch private Netzwerke zu vermitteln, die ihnen Kontakte mit der österreichischen Gesellschaft und eventuell konkrete Ausbildungsmöglichkeiten oder berufliche Perspektiven ermöglichen könnten.[53] Um solche Netzwerke auch stabil zu entwickeln, sollten Flüchtlinge über einen längeren Zeitraum an einem Ort wohnen können.

Universitäten der Einwanderer: wechselseitiges Lernen aktuell

Dem unproduktiven Missverhältnis zwischen „Bedürftigen" und „GönnerInnen" wäre das erfolgreiche Modell des Black Mountain College entgegenzuhalten. Das Black Mountain College in North Carolina/USA bestand zwischen 1933 und 1956 und war aus dem Bestreben entstanden, eine neue Form von Hochschule zu gründen, die auf John Deweys Prinzip einer „progressive education" gründete. Nachdem das Bauhaus im Deutschland des Jahres 1933 geschlossen worden war, versammelten sich nach ihrer Emigration viele Bauhaus-KünstlerInnen am Black Mountain College, wie etwa Walter Gropius, der 1937 in die USA emigriert war, oder Josef Albers, der von 1933 bis 1949 am Black Mountain College lehrte. Ende der 1940er-Jahre war das Black Mountain College die führende Institution in der interdisziplinären Ausbildung vorwiegend aber nicht ausschließlich künstlerischer Fachrichtungen. „Als ausbildende Kunstinstitution etablierte das Black Mountain College performative Praktiken des interdisziplinären Lernens und Forschens und setzte einen Schwerpunkt auf das kollaborative und experimentelle Arbeiten. Dieses einzigartige Zusammenwirken von herausragenden Künstlern der damaligen Avantgarde ist von zentraler Bedeutung für heutige Debatten, die sich mit der Erziehung und Pädagogik in der Kunst, der Wissenschaft, den Universitäten und Hochschulen in prekären ökonomischen Verhältnissen auseinandersetzen."[54]

Man kann behaupten, dass das Black Mountain College den „educational turn"[55] vorweggnahm, und bis heute eine beispiellose Vorreiterrolle darstellt, wie „ImmigrantInnen" neue Strukturen und innovative künstlerische Wissensproduktion anregen können. Das Ziel der Lehre am Black Mountain College war es – wie die Lehrenden immer wieder betonten – nicht KünstlerInnen auszubilden, sondern das Bewusstsein zu vermitteln, dass unabhängig davon, ob man eine künstlerische, wissenschaftliche oder technische Laufbahn verfolgt, die Methoden und Fähigkeiten künstlerischen Denkens und Handelns wesentlich das Herausbilden einer Persönlichkeit sowie innovatives Denken fördern. Dabei wurde die bis heute übliche Trennung von „Unterricht" und „Freizeit" aufgehoben. Stattdessen wurden etwa gemeinsame Mahlzeiten oder Wanderungen veranstaltet, die als gleichermaßen wichtige Lernerfahrungen aufgefasst wurden.

Social Design – Arts as Urban Innovation knüpft an diese Praktiken an und sucht ebenso nach neuen Modellen und Methoden der Vermittlung wie des gemeinsamen, projektbezogenen Handelns, das allerdings anstrebt, nach Möglichkeit direkt in gesellschaftliche Prozesse einzugreifen. In Bezug auf innovative Methoden stellt John Cages Projekt „untitled" (1952) ein bis heute wegweisendes Beispiel dafür dar, wie künstlerische Methoden die Konventionen und Erwartungshaltungen sowie das Verhältnis zwischen AkteurInnen und einem passiven Publikum attackieren und infrage stellen können. Cage teilte den Teilnehmern der Performance bestimmte Zeitfenster zu, in denen sie agieren, aber dabei eben keinen Bezug auf die Aktionen der anderen Künstler nehmen sollten. Das Aufeinanderprallen verschiedener nicht abgestimmter Aktionen stellte somit einen radikalen Akt dar, der entgegen eines vorgestellten Produkts arbeitete und damit auch die Steuerung durch den Künstler aufhob. „untitled" fand im „geschützten Rahmen" des Black Mountain College statt.

Die Herausforderung für die Lehrenden wie die Studierenden des Social-Design-Programms besteht nun darin, wie solche künstlerischen Prozesse aus der Universität hinausgetragen und für aktuelle Herausforderungen unserer Gesellschaft wirksam werden können. Dabei ist es wichtig, zwischen künstlerischen Projekten (die sich im Kunstkontext positionieren) und künstlerischen Methoden (die in gesellschaftliche Prozesse eingreifen und sich *nicht* notwendigerweise als Kunstprojekte

deklarieren) zu differenzieren. Auch dafür ist ein künstlerisches Format, wie es John Cage anbietet, hilfreich. Es ermöglicht das Verlernen von Konventionen – und damit Lernen.
Wie lassen sich Veränderungen bewirken? Die Thematik des Verlernens ist vor allem in Bezug auf die aktuelle politische Lage von großer Bedeutung. Angesichts der Frustration, die viele gegenüber ihren politischen VertreterInnen empfinden, macht sich auch eine allgemeine Hilflosigkeit breit, die in einer Schockstarre des Nichthandelns resultiert. Die Ohnmacht gegenüber den als dominant wahrgenommenen Systemen, die neoliberale Wirtschaftsinteressen verteidigen, ist ein wesentlicher Grund, warum viele aus potenzieller Aktivität in Passivität versinken. Dieser Resignation wollen Projekte wie die „Silent University" von Ahmet Ögut entgegenwirken.
Die „Silent University" wurde 2012 von dem Künstler Ahmet Ögut in London gegründet[56] und seither in verschiedenen Städten und Ländern realisiert. Sophie Goltz, Stadtkuratorin von Hamburg, lud die „Silent University" 2014 nach Hamburg ein.

Sophie Goltz
Silent University Hamburg

Die Silent University Hamburg ist eine autonome Plattform zum Wissensaustausch von und für Menschen mit Flüchtlingsstatus und auf Asylsuche sowie für Interessierte. Angesprochen werden vor allem diejenigen, die eine akademische und berufliche Ausbildung in ihren Heimatländern abgeschlossen haben, in Hamburg jedoch aufgrund des Aufenthaltsstatus nicht praktizieren können. Seit September 2014 erarbeiten die DozentInnen und BeraterInnen der Silent University Hamburg eine Struktur, um die Aktivierung von akademischem Wissen zu ermöglichen, welches im Kontext von Flucht, Asyl und Einwanderung selten zur Anwendung kommt. In der Silent University wird das „zum Schweigen gebrachte Wissen" reaktiviert. Eingebettet in die Geschichte alternativer Bildungsformen – wie dem Modern School Movement der 1910er-Jahre, Paulo Freires Ansatz der Freiheitspädagogik der 1970er-Jahre und Gayatri Chakravorty Spivaks aktuellem Ansatz einer ästhetischen Erziehung – stellt die Silent University Hamburg Fragen nach den Potenzialen und Aufgaben von Kunst im globalen Zeitalter. Wie kann eine demokratische Öffentlichkeit im Kontext von Flucht, Migration und Diaspora hergestellt werden, die Differenz sichtbar macht, ohne Anderssein zu konstruieren? Die DozentInnen entwickeln je nach akademischem oder beruflichem Hintergrund sowie aktuellen Interessen Seminarangebote. Ergänzend werden für einen erweiterten Austausch internationale Gäste zu öffentlichen Vorträgen und Gesprächen eingeladen. Interessierte können sich als Studierende auf thesilentuniversity.org einschreiben.

Mit Silent University Hamburg wurde eine Wissensplattform in Hamburg aufgebaut, die den gesellschaftlichen Diskussionen um das sogenannte europäische Refugee-Problem einen künstlerischen Vorschlag hinzufügt, der zugleich ein politisches Desinteresse aufzeigt. Die Silent University Hamburg ist in ein internationales Netzwerk eingebunden und wurde von Curating the City e.V. in Kooperation mit Stadtkuratorin Hamburg, W3 – Werkstatt für internationale Kultur und Politik e.V. und Zusammen Leben & Arbeiten e.V. eingeladen. The Silent University wurde 2012 von dem kurdischen Künstler Ahmet Öğüt initiiert. Sie wird erfolgreich in Kooperation mit der Delfina Foundation und Tate Modern in London durchgeführt und in Kooperation mit der Tensta Konsthall und ABF, Arbetanes Bildingsförbund in Stockholm. 2012 wurde Öğüt mit dem Visible Award der Cittadellarte – Fondazione Pistoletto und Fondazione Zegna für The Silent University ausgezeichnet.

Die Eröffnung der Silent University Hamburg fand am 4. Dezember 2014 im W3 – Werkstatt für internationale Kultur und Politik e.V. mit Carlos Cruz (Koordinator, The Silent University London / Union Learning Organiser von Unite the Union und Koordinator bei UMWEP), Sophie Goltz (künstlerische Leitung Stadtkuratorin Hamburg), Marenka Krasomil (Koordinatorin der Silent University Hamburg) und den TeilnehmerInnen der Silent University Hamburg statt.
Die Silent University Hamburg ist als Langzeitprojekt angelegt und wird über zwei Jahre im Rahmen von Stadtkuratorin Hamburg etabliert, in Kooperation mit W3 – Werkstatt für internationale Kultur und Politik e.V. und Zusammen Leben & Arbeiten e. V. um nach erfolgreichem Abschluss ab 2016 in eine selbstständige Trägerschaft überzugehen.

"It Really Began to Make Some Kind of Difference"

Abimbola Odugbesan (lecturer Silent University Hamburg), Salah Zater (lecturer Silent University Hamburg), Sophie Goltz (co-founder Silent University Hamburg, Artistic Director Stadtkuratorin Hamburg) in conversation with Christoph Twickel (journalist)

How did the Silent University come to Hamburg?

Sophie Goltz — When I started to work as the Artistic Director of Stadtkuratorin Hamburg at the end of 2013, I asked Ahmet Öğüt to establish a Silent University here. It took us a year to actually get funding and to find partners, which was not easy at the time. For months the Lampedusa group—a group of refugee activists from various African countries who had to flee from the Libyan war—had been fighting for their right to stay in Hamburg, so the "refugee issue" was quite a prominent topic in the media—though not to the extent it is today.

Abimbola Ogdugbesan, to understand the background of the people involved in the Silent University better, could you tell us how you came to Hamburg?

Abimbola Ogdugbesan — I studied social and political science in Nigeria with the aim of becoming a teacher. When I started teaching—still as a student—I found out that the teaching system was a total mess. I discovered that most of the female teachers had to have sex with local government officials before they would be given employment. I got to know this through my girlfriend; she is also a teacher. I also discovered that some teachers are not really qualified: they are just there to earn a living, they don't care about the life of their students. This was in 2008 and 2009. I began to write a lot of petitions against some of these teachers and local government officials, and that is how the political problem started. I wrote to the state government about all this mess. The state government accused the local government, and the local government sued me for libel.
I did not give up, I asked my girlfriend to help me because she was sexually harassed before they gave her a job. First she agreed, but two weeks be- fore we were due go to the court, she gave up. She said she couldn't be a witness because she was afraid, and she was also under a lot pressure from other people. My lawyers really wanted to support me, but they are not well known, so they don't have so much power. I was facing jail or a huge fine that I could not afford to pay. So I decided to leave for some time. This was also because of my parents. They didn't like what I was doing. They are from a very conservative Christian background. They are very moralistic: "You have to be very careful, don't steal, don't do anything that will involve police", you know? My

actions resulted in a serious family conflict. So I fled to the Northern part of the interior, to Maiduguri—at that time Boko Haram was not yet preset there. But I felt like I was in another country, because I don't speak Hausa, I was really lost. I met a guy who told me that Libya was a very nice country and I could work there as a teacher. So I tried to make my way to Libya.

Meanwhile in Nigeria, my father was arrested instead of me and this injustice really affected him. He was so conservative and led such a moral life: he never expected to be in police detention. It really caused him a lot of pain. He was heartbroken and eventually he died. In Libya I worked for the automobile service.

There was no way to continue your academic career in Libya?

AO — No, my academic career was stopped. When the war started in Libya, I considered going back home. But because of my political problem with the Nigerian authorities I couldn't study in Nigeria and eventually I might have ended up in prison. So I thought: If I go to Europe now, this may also be an opportunity for me to study. So I decided to cross the sea. I arrived at Lampedusa in June 2011.

This was in the midst of the civil war; Muammar Gaddafi had already left. Other refugees told us they were forced by the Gaddafi military to board the ships.

AO — Yes, I think Gaddafi wanted to use this as a kind of punishment for the Europeans. But in my case it was a personal decision. Because of the civil war we didn't have any choice. The sea was the only way out. In Italy I ended up near Como, in a hotel full of refugees. I went through the asylum process and tried to be serious about my Italian language course. I also got involved in political activities. They were supposed to give us some pocket money every month, but they didn't. So I raised the alarm about this because I was able to writ some basic Italian.

In the winter 2012–2013 this and other camps where closed by the Italian authorities. They basically told thousands of refugees to migrate to norther Europe. Why did you decide to come to Hamburg?

AO — I did some research. I wanted to find a social society with job opportunities. That is why I decided to come to Hamburg in the summer of 2013.

Salah, you also came to Hamburg from Libya, but not via Lampedusa and not in a boat.

Salah Zater — No, I received an invitation from a foundation here in Hamburg which takes care of people who have suffered political persecution. I came in 2015 from Tunisia, where I had stayed for five months because life in Libya had become too dangerous for me as a correspondent for a Libyan TV station. In the beginning I enjoyed being a journalist It was fun to be on the TV. But then I started to report on issues that many people did not want me to talk about: human rights violations, illegal oners, kidnapping, rape, child labor, corruption in the government, the army, and the police. I wanted to show the other side of the Libyan revolution. Every time I made a report about one of these issues I received threats.

So in the end you decided to leave the country...

SZ — That was a really big decision. I had phone calls from human rights foundations. They pushed me to leave the country, and also people from the government asked me to go. I left for Tunisia. I thought maybe in two weeks or a month I'd go back. But the situation in Libya was getting worse every day. In Tunisia I became more of an activist—I tried to inform the international media about the situation. I began to give speeches about freedom of speech, human rights and torture in Libya. After five months I received this invitation from the foundation here in Hamburg.

How did you get involved with the Silent University?

SZ — I heard from a friend about a workshop at Silent University concerning the fight against racism. I wanted to participate because of an experience I had in Hamburg. It was at a public event in the street. People were dancing. Then I saw a woman: she looked non-European. She was standing in the crowd and a European-looking woman just kicked her. I was completely shocked: it was something new for me. Of course we have fighting in Libya, we have problems: but this? No. I wanted to help the woman, but I don't speak German.

That day I got home and started talking and reading about racism: about what's going on here in Germany and about racism in many countries around the world. After that I went to workshop here and met people from Africa, Turkey, Iran, and the Lampedusa refugees. For two days we talked about our people, about victims of racism and people who fight racism.

So this workshop on racism was part of the Silent University? What is the background, why did you set up this workshop?

SG — We invited people to an anti-bias workshop after the first lecture about slavery in West Africa which Abimbola gave, where we had some complex reactions from the audience.

Why did you choose this subject?

AO — I have the feeling that the history of slavery is still reflected in our daily life. I wanted to present this topic in a way that would establish a better connection with contemporary topics related to refugees. I really know something about the subject and I got support from one of the Silent University consultants, Paran Pour, an art student: she speaks very good German.

And what happened during the presentation?

AO — Towards the end of my lecture, there was a man who criticized me when I connected the Shell Oil Company to the issue of slavery, in how they exploited the Niger delta in Nigeria. I used them as a symbol of the Western system of exploitation. The guy criticized me and challenged my academic background.

SG — Well, he may have expected a lecture on a high academic level. He's a German historian who worked for an NGO in Nigeria for more than twelve years. He claimed that the lecture was wrong and another guy supported him in this. After a while we had to end the discussion because we had another discussion planned with Nikita Dhawan and María do Mar Castro Varela. These two guys seemed to be offended because nobody had answered their so-called questions. In a way this historian attacked the concept of the Silent University by attacking Abimbola to a point where he had been silenced again by these comments.
So, on the one hand this German academic wrote a letter to the Department of Culture in Hamburg about what bullshit the Silent University was. On the other hand, we got an open letter from "Der Braune Mob", which is an Afro-German anti-racist organization, who said that the way we

were setting up and moderating our lecture "led to actual silencing of the intended target group". I found that stupid. They should have showed critical solidarity. They claimed to have a better answer to something that I would say nobody has an answer to. So we were attacked both by conservatives and by socalled radical leftists.

And the consequence was to make a workshop about racism?

SG — We didn't expect this, so we asked ourselves: Okay, how can we react to this? Especially those of us who stand in front of an audience: how can they deal with such situations, which also appear in daily life? It's not unique to this context, so we decided to organize an anti-bias workshop to reflect on our own patterns and relations and learn how to react in this society. And this is what we did with participants who were either consultants or lecturers of the Silent University.

And this was the workshop that brought you into the Silent University, Salah?

SZ — Yes, that was where I started. I found the workshop really interesting, I learned a lot. There was this African man who spoke about his daughter— her mother is German, the father is black. And the daughter always felt ashamed when her father picked her up from school because the other, younger children always pointed at him. So the daughter used to wait around the corner to avoid the other kids seeing her father. I listen to many stories. It really broke my heart, but at the same time it also made me stronger to fight.

SG — Eventually homophobia and also anti-Semitism came up in this workshop, so I think we should continue these kinds of workshops.

SZ — Racism is not only about skin color: there are many kinds of racism. Anyway, after some meetings I became a member of Silent University. I gave my first lecture about freedom of speech and Libya after the revolution. It was really nice, many people came.

Before Silent University I gave lectures and workshops and speeches in many different places, political foundations, human rights organizations, and for me SU was really something new: because here I work in a different way, by informing the media. I have had many interviews and spoken to thousands of people, from thirteen or fourteen years old up to ninety or one hundred. I speak with them about all kinds of issues, trying to think together, to exchange our experiences. I talk with them about what is going on in Libya or in the Middle East because people say we don't know anything about that. The media care about what is interesting for them but they don't really show the daily lives of people suffering in the Middle East, or in Africa. It was really good. Many times I have seen people crying. If I want to make people cry, I don't want to cry myself. I control myself. I don't really want to show my emotions. Sometimes I show my anger, but not my real emotion, not my sadness. Because I want to change the world, so I always must be strong.

You have given lectures and talks on many occasions in Germany—at conferences, in universities—what makes the Silent University different?

SZ — What I like about Silent University is its strong political message: giving people a chance, letting them choose their knowledge and experience. Silent University has a clear message: That there is no difference between people and that language is not a problem. Many people have talents, they have knowledge, and they are good enough but they cannot use their skills and their knowledge, they cannot find the job that they are looking for. Talking about education, I'm shocked because I didn't imagine that there are people in Europe who have no right to go to school.

Are you talking about refugees?

SZ — Yes, but not just refugees. I'm sure there are also Germans who are really fighting. I know someone, he's studying in high school and he has been working since he was sixteen. If he didn't work he couldn't go to school and pay his living costs, his flat, everything. So it is not only refugees. Not all the eighty million Germans are lucky.

Do you think that Silent University is like an experiment: How could it be if we changed the patterns of access to the academic system? Is Silent University more a playful thing or the seed of a real institution? Are we playing at university here or is this a university?

SG — The patterns are changing rapidly at the moment When we started Silent University we were almost the only ones. Now, in the so-called "refugee crisis", almost every university in this country is setting up programs to integrate refugees or a specific program including German language courses.
What we have been discussing for some time is the difference between what it means to be integrated into a (German) academic canon and creating our own platform for universal knowledge. Bu the main difference remains that we cannot offer certificates which are recognized to get a job. This ambivalent status leads to a very keen discussion about education: what is (academic) knowledge beyond the labour market? Giving this a voice with Silent University Hamburg does not mean that ist participants don't want to work and be well paid.

AO — My own experience of the Silent University is that my first lecture really began to make some kind of difference. The Silent University gave me a perspective and really brought my mind into focus. It reactivated my academic motivation, to really work something out on the academic side. In my experience many people who live in a precarious refugee state, or migrant state, are eager to gain access to the regular academic system. Of course, the Silent University is an art project.

Were you annoyed when you found out that it is more of an experiment, or did that make sense to you?

AO — No. I was very clear from the beginning about the approach of Silent University. I wanted to do something which brought my attention back to my academic roots, to my academic past, and I think Silent University did that. And I think this is also one problem that some refugees have. They really want to get into the formal education system, but this cannot happen immediately. From my own perspective, I now have a better chance to get into Hamburg University. I consider Silent University has more or less given me this chance.

SZ — Also, certificates are not everything. The good thing is that at the Silent University we have a chance to let people think together. I think Silent University is like a door for people who come to this country and say: We are educated, we are not different, we learn, we just lost the language.

AO — Now we have Syrian people and Arab people who can use their own language to deliver lectures. Because this is another of the aims of the Silent University: we don't want a language barrier. This is really amazing. In the formal education system, people who speak some languages now face a lot of problems if they want to reactivate their knowledge in Europe.

Knowledge is very hegemonic. These days almost every talk show on German television is about the refugee issue. From time to time you have an exrefugee sitting there who has become an academic, and is presented as a brilliant example of how integration could work. And, of course, all these brilliant examples are refugees who studied natural sciences or economics. You never have somebody who has made a career in post-colonial studies, or something similar, never ever.

SG — I think mainly we are dealing here with knowledge related to the labour market. The hegemonic question concerning refugees is: do they want our social benefits or is it possible to educate them so that they can work and actually contribute to those social benefits? I see the Silent University also as a contact zone for the political figure of the refugee. What does it mean to cross waters? What questions does it create? Why am I saying this? Because that's how we have been addressed as Silent University. We get letters and e-mails asking: "I want to work with refugees, can you help us please?"

Maybe a parallel system could help in activating knowledge without having to deal with the question of it having to be beneficial to the labour market. Take the example of Venezuela under Ch.vez: when they thought about education, they didn't try to change existing universities, they tried to build a parallel system, so they didn't have to fight the hierarchies there. If you are a newly-arrived refugee who wants to get access to the educational system as soon as possible, you will be frustrated. You will be silenced, I think that's why you call it the Silent University.

SG — I am not sure if Silent University is still an answer at the moment. I'm struggling a little bit with the idea. Under this pressure that refugees are confronted with—and the situation in the camps became quite insecure and unstable—and now, with the new restrictions of the asylum laws and an increasing xenophobia and racism in society, I am asking myself: what can we do as Silent University?

SZ — How can you study while you are facing so many problems? Your mind should be clean. The refugees are really scared, they are insecure, some of them say: "Okay, we'll go to school, maybe they will send us back". They have problems. They don't feel safe. So how can you talk about integration? And what does integration mean? Does it mean you go and learn German and find work in a supermarket, and then you are integrated, you are part of society? No, it is not like that. There are many thousands of people, who are really suffering here because they are alone, they cannot make German friends, and they cannot understand people. They cannot speak normally to people. They cannot have an open talk. Silent University Hamburg[57]

Ein weiteres Bildungsprojekt, das eine universitäre Ausbildung für Flüchtlinge anstrebt, ist die Kiron University.[58] An diesem wegweisenden Projekt arbeitet mittlerweile ein großes Team mit. Diese weltweit erste Universität, die eigens für Flüchtlinge geschaffen wurde, soll Flüchtlingen ein Gratis-Onlinestudium ermöglichen. Dem Gründungsteam kommt entgegen, dass viele Elite-Universitäten in den USA ihre Vorlesungen zur freien Verfügung ins Netz übertragen. Aus diesen wie aus selbstorganisierten Veranstaltungen konzipiert ein Team von acht DozentInnen komplette Studiengänge für die „Flüchtlingsuni" – ob Betriebswirtschaftslehre, Architektur oder Literaturwissenschaft. Nach und nach wollen der Gründer Markus Kreßler und sein Team diese Studiengänge akkreditieren lassen, damit sie später auch von ArbeitgeberInnen anerkannt werden.

Arbeiten: künstlerische Strategien entgegnen harten Restriktionen

Die aktuelle Situation von Flüchtlingen in Österreich ist von einem Arbeitsverbot gekennzeichnet, das besteht, solange ein Asylverfahren noch nicht abgeschlossen ist. Dieses Verbot führt aber auch dazu, dass Asylwerbende kaum „ihren Willen zur Integration" (der für die Beweisführung im Asylverfahren nachgefragt wird) beweisen können, sind sie doch zu einer Passivität verurteilt, die von der Umgebung als negative Haltung missverstanden, ja verurteilt wird.[59] Das Arbeitsverbot wiegt umso schwerer, als Flüchtlinge erst nach einem positiven Asylbescheid beginnen können, sich berufliche Fähigkeiten und das Fachvokabular anzueignen, die wesentlich sind, um einen Job zu bekommen und diesen ausfüllen zu können. Es braucht also eine Art Berufseingangsphase, wie sie der Künstler Adi Hösle mit dem Babenhauser Modell entwickelt hat, auf das ich weiter unten eingehen werde.

Die einzige Ausnahme besteht in selbstständiger Tätigkeit. Wie bereits erwähnt, fördert die Organisation immipreneurs[60] die Gründung eigener Unternehmen durch MigrantInnen. Ebenso konnten KünstlerInnen diese rechtliche Situation produktiv wenden.

So bot das Künstlerkollektiv WochenKlausur 1995 im Rahmen des Grazer Festivals steirischer herbst für neun Wochen „Arbeit ohne Beschäftigungsbewilligung" an:

„Unter Auslotung der Ausländergesetzgebung wurden sieben MigrantInnen ohne Beschäftigungsbewilligung mit der

Erarbeitung von sozialen Plastiken beauftragt. Die Aktion sicherte den Beteiligten einen legalen Aufenthalt in Österreich [...].

Arbeit und Einkommen sind wesentliche Grundlagen für die Einbindung in eine Gesellschaft. Deshalb konzentrierte sich die WochenKlausur in Graz auf die Erschließung legaler Arbeitsmöglichkeiten für MigrantInnen, die nicht mehr in ihre Heimat zurück können, weil sie aus politischen, ethnischen oder religiösen Gründen verfolgt werden. Sie hatten keinen legalen Status, durften oder konnten aber auch nicht abgeschoben werden.

Um einer legalen Beschäftigung in Österreich nachzugehen, brauchen AusländerInnen eine Arbeitsbewilligung. Zum Zeitpunkt der Klausur schrieb der Sozialminister aber jährliche Bundeshöchstzahlen fest und es war unmöglich, auch nur eine zusätzliche Beschäftigungsbewilligung zu erwirken. Die Gruppe machte deshalb von einer Sonderregelung für ausländische „KünstlerInnen" Gebrauch. Der Gesetzgeber gestand KünstlerInnen auch ohne Arbeitsgenehmigung zu, solange im Land verweilen zu dürfen, als sie nachweislich von ihrer künstlerischen Tätigkeit – und zwar ausschließlich von dieser – leben können: „Keine Bewilligung brauchen Fremde, deren Tätigkeit überwiegend durch Aufgaben der künstlerischen Gestaltung bestimmt ist, sofern ihr Unterhalt durch das Einkommen gedeckt wird, das sie aus ihrer künstlerischen Tätigkeit beziehen, und sie in Österreich keine andere Erwerbstätigkeit ausüben." (§1 Abs. 3 Z5).

2006, zehn Jahre später, trat in Österreich ein schärferes Gesetz in Kraft, das diese Möglichkeit nicht mehr vorsieht. Aufgrund der gesetzlichen Lage 1995 war es der WochenKlausur aber noch möglich, die Zahl der legal erwerbstätigen Flüchtlinge um sieben zu erweitern. Die sieben Flüchtlinge mutierten einfach zu „KünstlerInnen". Dazu mussten allerdings Patronanzen gefunden werden, die Aufträge zur Erstellung von Kunstwerken in Form sogenannter „sozialer

Plastiken" in Auftrag gaben und finanzierten. Aufträge und Honorare lieferten den Nachweis einer gesicherten Existenz, und somit konnten die Flüchtlinge die Ausnahmeregelung für KünstlerInnen in Anspruch nehmen."[61]

Allerdings steht tatsächliche Arbeit aufgrund der Gesetzeslage in Österreich nur Flüchtlingen mit einem positiven Asylbescheid offen. Mittlerweile existieren jedoch verschiedene Initiativen, die eine Ausbildung fördern oder in Kooperation mit Unternehmen Arbeitsangebote oder Praktika vermitteln. Ich möchte zwei innovative Projekte exemplarisch vorstellen:

Kattunfabrik, St. Pölten

„Die Kattunfabrik ist ein Projekt zur Eingliederung von SchneiderInnen in den österreichischen und deutschen Arbeitsmarkt.
Die Kattunfabrik St. Pölten war eine österreichische Fabrik zur Herstellung von Kattun und die erste Fabrik der Stadt St. Pölten. Sie nahm ihren Betrieb um 1786 auf und produzierte bis zu ihrer Zerstörung durch einen Brand um 1858. Heute steht an ihrer Stelle die Dr.-Theodor-Körner-Hauptschule, von der ehemaligen Kattunfabrik zeugt nur noch der Werkskanal, durch den immer noch der Mühlbach fließt.
In dieser Tradition sieht sich das Projekt ‚Kattunfabrik' in Zusammenarbeit mit der Firma Nordtmann e. U. Zum einen geht es um die Förderung des Textil- und Modestandortes St. Pölten. Zum anderen wird mit der Kattunfabrik ein Raum geschaffen, in dem Schneiderinnen und Schneider sich auf den (Wieder-)Einstieg in den österreichischen Arbeitsmarkt vorbereiten können oder die ihr Wissen nicht verlernen möchten. In der Übungswerkstatt vermitteln Fachleute sowohl die aktuelle Fachsprache wie auch die neuesten Innovationen

und Techniken, wie sie in Österreich oder Deutschland angewendet werden.

Außerdem erhoffen wir durch die Teilnahme von Schneiderinnen und Schneidern aus anderen Altersklassen oder anderen Ländern einen regen Wissensaustausch. Die Teilnahme am Projekt ist kostenlos, wir finanzieren Material und Betriebskosten über Gemeinschaftsprojekte, die wir zum Verkauf anbieten. Alles, was an Geld darüber hinaus eingenommen wird, spendet die Firma Nordtmann e. U. an Einrichtungen wie beispielsweise Train of Hope Vienna, Caritas St. Pölten oder andere Organisationen, die sich um das Wohl von Menschen kümmern."[62]

Ein anderes herausragendes Modellprojekt, das in Deutschland realisiert wurde, um eine Integration von Flüchtlingen in den Arbeitsmarkt zu ermöglichen, dient längst als internationales Referenzbeispiel:

Das Babenhauser Modell, Augsburg

Das Babenhauser Modell wurde Ende 2014 von dem Künstler Adi Hösle und dem Verein „Menschen begegnen Menschen" (MbM) unter maßgeblicher Beteiligung der Firma Kössler in Augsburg gegründet. Das Modell nutzte die bis vor kurzem gültige Gesetzeslage in Deutschland, die es Flüchtlingen erlaubte, nach drei Monaten Aufenthalt einer Beschäftigung nachzugehen. MbM setzt sich in direkten Kooperationen mit ortsansässigen Unternehmen dafür ein, AsylwerberInnen ein Praktikum, einen Ausbildungs- oder Arbeitsplatz zu vermitteln. Das Babenhauser Modell hatte eine Vorbildwirkung, die im Dezember 2015 durch die Auszeichnung mit einem von drei Hauptpreisen im Wettbewerb „In ländlichen Räumen willkommen" noch verstärkt wurde. Der Wettbewerb, dessen Auslobung erstmals unter dem Dach der Nationalen Stadtentwicklungspolitik stattfand, suchte nach Projekten in den drei Kategorien „Ankommen, Bleiben und aufeinander Zugehen", die für die Aufnahme und Integration von Geflüchteten wertvoll und hilfreich sind. Das von MbM gezeigte bürgerschaftliche und freiwillige Engagement, gepaart mit Kreativität und Ideenreichtum, sei eine wesentliche Grundlage, damit es den Zuflucht Suchenden gut gehe, sie ein neues Zuhause finden sowie die Integration gelingen könne, betonte die Bundesministerin Barbara Hendricks bei der Preisübergabe.[63]

Die Beschäftigungsmodelle, die Bürger mit Firmen in Selbstorganisation entwickeln, sind zugleich praktizierte Integrationsmodelle, die zeigen, wie erfolgreich Integration „von Person zu Person" ist. Doch nun ist nicht nur die Zukunft des Babenhauser Modells, sondern sind auch all die bisher erzielten konkreten (Lern-)Erfolge und Zukunftsperspektiven für Flüchtlinge wie für Firmen gefährdet, da mit der seit 1. April 2016 veränderten Gesetzeslage in Bayern Flüchtlinge aus sogenannten sicheren Herkunftsländern keine Arbeitserlaubnis mehr erhalten sollen.[64]

Diese Gesetzeslage muss auch in Österreich dringend geändert werden: Arbeit stellt ein Grundbedürfnis und ein Grundrecht dar, das sowohl für Beheimatete als auch für Heimatlose gilt. Dann können KünstlerInnen oder Social DesignerInnen mit „Kreativität und Ideenreichtum" neue Strategien entwickeln und zeigen, dass nur eine veränderte Gesetzeslage für unsere Gesellschaft produktiv sein kann. Die Zukunft liegt im Dialog und in Zusammenarbeit – anstatt in Verboten.

Anmerkungen

1. Ein veränderter Auszug dieser Publikation erscheint im Herbst 2016 in: Amalia Barboza, Stefanie Eberding, Ulrich Pantle, Georg Winter (Hg.), „Räume des Ankommens. Topographische Perspektiven auf Migration und Flucht".
2. Stéphane Hessels Essay „Indignez-vous" erschien im französischen Original im Oktober 2010 bei indigène.
3. transparadiso ist eine transdisziplinäre Praxis zwischen Architektur, Urbanismus, Kunst und Theorie, die wir (der Architekt Paul Rajakovics und ich [Künstlerin]) 1999 in Wien gegründet haben. Wir arbeiten mit der Methode des „direkten Urbanismus": Darunter verstehen wir die Einbindung künstlerischer Strategien und Projekte sowie urbaner Interventionen als Teil einer prozessorientierten Stadtentwicklung, um Formen der Gemeinschaft zu stärken und unvorhergesehene und – mit konventionellen Mitteln der Stadtplanung – nicht planbare Visionen und Qualitäten zu erzeugen. Siehe auch Barbara Holub/Paul Rajakovics, „Direkter Urbanismus", Verlag für moderne Kunst Nürnberg, 2013.
4. Künstler und Kollege in der Abteilung Social Design/ Universität für angewandte Kunst Wien.
5. Da die Textbeiträge im Laufe eines Jahres entstanden sind, spiegeln sie teilweise einen Blick aus einer Phase wider, die mittlerweile schon Vergangenheit ist. Die Texte werden hier aber in ihrer ursprünglichen Form veröffentlicht.
6. Siehe dazu das Symposium „Ankommen! Perspektiven der Flucht in einer flüchtigen Gesellschaft", HBKsaar/Saarbrücken und HTW Saarbrücken, Mai 2015.
7. Siehe Hans Stimmann, „Standardisierte Unterkünfte", in: „StadtBauwelt" 208, 48/2015, S. 30.
8. Doug Saunders beschreibt in „Arrival City" den langwierigen Prozess des „Ankommens", der sich meist über Generationen hinzieht, wenn LandarbeiterInnen in die Stadt, die „Ankunftsstadt", aufbrechen, um sich eine neue (Über-) Lebensperspektive zu erwirtschaften.
9. Vilém Flusser, „Die Freiheit des Migranten", Bollmann, 1994, S. 21.
10. Ebd., S. 31ff.
11. Siehe Barbara Holub/Christine Hohenbüchler (Hg.), „Planning Unplanned. Darf Kunst eine Funktion haben? Towards a New Function of Art", Verlag für moderne Kunst, 2015.
12. Siehe „Anders günstig", ein Entwurfsprogramm und Forschungsprojekt, das Paul Rajakovics mit Sabine Ott-Reinisch im Sommersemester 2016 an der TU Wien für fünf Standorte in Niederösterreich geleitet hat und das fortgesetzt werden wird.
13. „Du bakchich pour Lampedusa", Sousse, (TUN), 2014; „Je suis arabe" in „Operation Goldhaube", Salzburg Museum, 2015; „Das Lachen, das einem im Halse stecken bleibt", Performing Public Art Festival, Vienna Biennale, 2015.
14. s. a. Anm. 12: Studierende entwickelten im Rahmen von „Anders günstig" Programme, die auf den jeweiligen sozialen und örtlichen Kontext spezifisch Bezug nehmen (statt der vom Land Niederösterreich vorgeschlagenen einheitlichen Module), um das Zusammenleben von Beheimateten und Flüchtlingen wechselseitig zu fördern.
15. Es gibt kaum eine Architekturfakultät im deutschsprachigen Raum, die es sich leistet, *kein* Programm zur Flüchtlingsthematik zu entwickeln und dazu gleich auch zu publizieren; ebenso beschäftigen sich auch u. a. der österreichische und der deutsche Pavillon bei der Architektur-Biennale in Venedig 2016 mit der Flüchtlingsthematik.
16. „Assimilation ist ein Prozess der Entgrenzung (*boundary reduction*), der

sich ereignen kann, wenn Mitglieder von zwei oder mehr Gesellschaften oder kleineren kulturellen Gruppen aufeinandertreffen. Wenn man sie als abgeschlossenen Prozess betrachtet, ist sie [die Assimilation] die Vermischung von zuvor unterscheidbaren soziokulturellen Gruppen zu einer einzigen. Wenn wir Assimilation jedoch als Variable ansehen, was meiner Ansicht nach unser Verständnis vertieft, stellen wir fest, dass Assimilation von den bescheidensten Anfängen von Interaktion und kulturellem Austausch bis hin zur gründlichen Verschmelzung der Gruppen reichen kann." J. Milton Yinger, „Toward a Theory of Assimilation and Dissimilation", in: „Ethnic and Racial Studies", Bd. 4, Nr. 3, Juli 1981, S. 249–264; siehe https://de.wikipedia.org/wiki/Assimilation_%28Soziologie%29.

17. Die Dimension der Eingliederung einer Ankunftskultur in die beheimatete Kultur bzw. des wechselseitigen Respekts von Werten, d. h. inwieweit welche Kultur sich öffnen sollte, hat sich in den letzten Jahren kontroversiell und beispielhaft an der sogenannten „Kopftuchdebatte" entzündet. Die Einflüsse von ZuwanderInnen aus islamischen Hintergründen werden vielfach als drohende Gefahr einer schleichenden Islamisierung gesehen, deren mögliche Auswirkungen der Schriftsteller Michel Houellebecq in seinem Roman „Unterwerfung" (Dumont, 2015) drastisch geschildert hat.

18. Susanne Schätzle, „Migration und Integration in Deutschland. Eine Bestandsaufnahme mit Konsequenzen für die Pädagogik", TU Darmstadt, 2004.

19. siehe z.B.: http://www.suedwind-magazin.at/wo-macondo-realitaet-ist

20. Svetlana Boym war Professorin für slawische Sprachen und Literatur an der Harvard University und Autorin u. a. von „The Future of Nostalgia". Kurz vor ihrem Tod veröffentlichte sie einen Text zu ihren Erfahrungen im geheimen Lager in Wien: http://www.tabletmag.com/podcasts/196376/a-year-of-firsts {http://www.tabletmag.com/jewish-arts-and-culture/books/176945/camp-tale?} (Zugriff: 16.6.2016).

21. Den Film „Remembering Forgetting", mit dem sie ihrer Zeit im Transitcamp Simmering 1981 nachspürt, konnte sie gemeinsam mit Janna Kyllästinen noch fertigstellen.

22. „Du Bakchich pour Lampedusa" (Sousse, Tunesien, 2014), „Je suis arabe – ein Recht auf Poesie" (Salzburg Museum, 2015) und „Das Lachen, das einem im Halse stecken bleibt" (Performing Public Art/Vienna Biennale, 2015); siehe www.transparadiso.com.

23. Wir begleiten zudem seit November 2015 einen Flüchtling aus dem Senegal in seinen Ängsten, Hoffnungen und Bemühungen, in Wien Fuß fassen zu können bzw. zu dürfen.

24. So hat mittlerweile auch die katholische Kirche festgestellt, dass die Debatte um den Zuzug von Menschen mit islamischer Religion nun vermehrt Anlass gibt, uns unserer „eigenen", christlichen Wertvorstellungen wieder bewusster zu werden.

25. Der Grundstücksbeirat beurteilt nicht nur wie der Gestaltungsbeirat die architektonische, sondern auch die soziale und infrastrukturelle Qualität, bevor ein Bauvorhaben beschlossen wird. „Öffentlich geförderter Wohnbau ist der Entwicklung einer sozialen und gerechten Gesellschaft verpflichtet und verantwortlich für die Baukultur und Schönheit der Stadt. Er hat den zeitgenössischen Qualitäten in den Bereichen Ökonomie, Sozialer Nachhaltigkeit, Architektur und Ökologie zu entsprechen. Jeder Wohnbau hat deshalb die Anforderungen der 4-Säulen gleichwertig zu berücksichtigen." Beurteilungsblatt 4-Säulen-Modell, hg. vom Wohnfonds Wien, 2015; siehe http://www.wohnfonds.wien.at/articles/nav/142 (Zugriff: 16.6.2016).

26. Die Aufhebung des Hausbesorgergesetzes wurde 2010 unter der

schwarz-blauen Regierung verabschiedet. Begründet wurde dies damit, dass die Betriebskosten gesenkt werden und diese Aufgaben künftig von verschiedenen DienstleisterInnen erbracht werden sollten. „Dies wird die Kosten für Mieter sicher nicht senken. Selbst wenn es keinen Hausbesorger gibt, können alle Kosten, samt Sozialabgaben in die Abrechnung genommen werden", erklärt Elisabeth Weihsmann, Geschäftsführerin der Wohnbauvereinigung für Privatangestellte. „Im vergangenen Jahr wurde eine Umfrage bei MieterInnen gemacht. Und über siebzig Prozent der Befragten wollen einen persönlichen Ansprechpartner, der kleine Reparaturarbeiten selbst ausführt." http://www.wienerzeitung.at/nachrichten/oesterreich/chronik/353877_Sterben-die-Hausmeister-bald-aus.html?em_cnt=353877 (Zugriff: 16.6.2016).

27. Dies differiert natürlich entsprechend der Herkunftsländer und -kulturen. Während Ankömmlinge aus Syrien (auch Frauen) relativ gut ausgebildet sind, ist die Anzahl von AnalphabetInnen vor allem aus Afghanistan, die keine oder kaum Schulbildung haben, sehr hoch. Dies sagt jedoch nichts über ihre intellektuellen Fähigkeiten aus, sondern ist Ausdruck des gesellschaftlichen Systems, das Frauen Schulbildung weitgehend verweigert.

28. Siehe dazu den Bericht des österreichischen Innenministeriums von Juli 2016: http://www.bmi.gv.at/cms/BMI_Asylwesen/statistik/files/2016/Asylstatistik_Juli_2016.pdf. Diese detaillierten Aufstellungen zeigen, dass im ersten Halbjahr 2016 ca. 50 % der Asylanträge abgelehnt wurden (darunter auch Ablehnungen aus Kriegsländern wie Syrien oder Afghanistan); (Zugriff: 29.08.2016).

29. Flusser 1994 (wie Anm. 6), S. 31ff.

30. Das Bahnorama wurde als Aussichtsplattform für die Entwicklung der Baustelle des Hauptbahnhofgeländes errichtet und steht seit Dezember 2014 leer. Es wurde für die geringe Summe von € 30.000,– an die eigens gegründete Firma Vienna Tower Transfer mit Sitz in Prag verkauft. Diese sollte dafür die Abrisskosten tragen und verpflichtete sich, den Turm abzubauen und an InteressentInnen für eine Nachnutzung weiterzuverkaufen. Siehe dazu http://www.wienerzeitung.at/nachrichten/wien/stadtpolitik/765057_Wer-will-mich.html (Zugriff: 20.5.2016).

31. Richard Sennett, „Zusammenarbeit. Was unsere Gesellschaft zusammenhält", Hanser Berlin, 2014, S. 36.

32. Siehe dazu die Entwicklung spezieller Spiele für urbane Wunschproduktion, z. B. „deseo urbano" (Valparaíso/Chile, 2001), „Commons kommen nach Liezen" (Liezen, 2011), „Aufforderung zur ungeforderten freiwilligen Intersprachlichkeit" (Pottenhofen, 2016); die Entwicklung spezieller Tools für direkten Urbanismus wie in „Paradise Enterprise" (Judenburg, 2012); die Methode der „Missing Things" (First World Congress of the Missing Things, Baltimore, 2014; Second World Non-Congress of the Missing Things, Wien-Aspern, 2014).

33. Richard Sennett, „Zusammenarbeit. Was unsere Gesellschaft zusammenhält", Hanser Berlin, 2014, S. 40.

34. Ebd., S. 41.

35. Siehe z. B. MICA, Baltimore (USA): http://www.micasocialdesign.com/ (Zugriff: 16.6.2016).

36. Das „Open House" fand im Rahmen einer Lehrveranstaltung während des Wintersemesters 2015/16 statt und wurde von Brigitte Felderer und Christina Schraml geleitet.

37. Dieser Text wurde 2015 verfasst und am 23.1.2016 aktualisiert.

38. http://www.tuwien.ac.at/fileadmin/t/tuwien/fotos/news/Spendenaufruf_Displaced_Space_for_Change_TU_4.pdf (Stand: 13.12.2015).

39. urbanize!-Programmheft 2015, S. 6.

40. Die Flüchtlinge dürfen während des Asylverfahrens in Österreich nicht arbeiten und müssen auf unbestimmte Zeit ausharren, bis sie ihren Asylbescheid bekommen. Die Chancen für einen positiven Asylbescheid sind aufgrund sich aktuell ständig verändernder politischer Bedingungen nicht vorhersehbar. Erhielten in Österreich bis Ende 2015 Flüchtlinge aus Syrien fast zu hundert Prozent positive Asylbescheide und hatten Flüchtlinge aus dem Irak und Afghanistan ebenfalls große Chancen auf Anerkennung, so hat sich die Lage seit der Quotenregelung 2016 dramatisch verändert: Um die Quote zu erfüllen, wird nach fadenscheinigen Gründen gesucht, um die AsylwerberInnen abzulehnen. Derzeit (Stand: Mai 2016) werden syrische Flüchtlinge zu ca. sechzig Prozent als AsylempfängerInnen akzeptiert und Flüchtlinge aus Afghanistan zu ca. fünfzig Prozent. Die Flüchtlinge sind oft in Wohnsituationen untergebracht, die kaum Privatsphäre ermöglichen und/oder selten Gemeinschaftsräume anbieten. Ihr interimistischer Lebenszustand ist geprägt von nicht enden wollendem Warten, das keine Perspektive ermöglicht. Dieser Wartezustand erlaubt ihnen nicht, die Dinge in die Hand zu nehmen und damit jenen „Integrationswillen" zu zeigen, der für ein positives Ergebnis des Asylverfahrens gefordert wird.

41. Vgl. Giurchescu, A. (2001). „The Power of Dance and Its Social and Political Uses", in: Yearbook for Traditional Music, Frankreisch/ Paris: International Council for Traditional Music

42. Das Projekt verdankt sich einer engen Zusammenarbeit der Social Designerin Anna Misovicz und Angéla Góg, einer Food Designerin.

43. Miriam Hübl, Radiomacherin, Studentin an der Universität für angewandte Kunst Wien und Politikwissenschaftlerin; Shafiq Islami, Herrenfriseur; Adele Knall, Musikerin, Kultur- und Sozialanthropologin und bildende Künstlerin; Ammar Nasser, Accounter und Controller sowie Prothesenspezialist; Lisa Puchner, Radiomacherin, Studentin an der Universität für angewandte Kunst Wien und Magazinredakteurin; Teresa Schwind, Radiomacherin, Tontechnikerin und bildende Künstlerin.

44. Displaced erhielt im Mai 2016 den ersten Preis der „Sozialmarie" – Preis für soziale Innovation.

45. Richard Sennett, „Zusammenarbeit. Was unsere Gesellschaft zusammenhält", Hanser Berlin, 2014, S. 103ff.

46. ebd.

47. ebd., S. 109

48. Das Projekt wird im deutschen Pavillon auf der diesjährigen Architektur-Biennale in Venedig gezeigt.

49. Herbert Marcuse, „Der eindimensionale Mensch, Studien zur Ideologie der fortgeschrittenen Industriegesellschaften", zu Klampen Verlag, 2014.

50. Zygmunt Bauman: „Flüchtige Zeiten, Hamburg Edition, Institut für Sozialforschung", 2008.

51. Vgl. zudem Klaus-Michael Bogdal: „Europa erfindet die Zigeuner – Eine Geschichte von Faszination und Verachtung", Suhrkamp, 2011; Norbert Elias, John L. Scotson: „Etablierte und Außenseiter", Suhrkamp, 1993; Slavoj Zizek: „Auf verlorenem Posten", Suhrkamp, 2009.

52. Alexander Betts, Refugee Studies Centre, University of Oxford, http://www.rsc.ox.ac.uk/people/alexander-betts (Zugriff: 17.6.2016).

53. Es ist AsylwerberInnen in Österreich in laufenden Asylverfahren zwar juridisch nicht gestattet zu arbeiten, sie können sich jedoch auf freiwilliger Basis engagieren.

54. 2015 fand eine umfassende Ausstellung im Hamburger Bahnhof in Berlin statt, basierend auf dem Forschungsprojekt „Black Mountain Research"

(2013 – 2015) unter der Leitung von Prof. Dr. Annette Jael Lehmann, Freie Universität Berlin. Für weitere Informationen siehe http://www.blackmountaincollege.org/history/ (Zugriff: 20.6.2016).

55. „Educational turn describes a tendency in contemporary art prevalent since the second half of the 1990s, in which different modes of educational forms and structures, alternative pedagogical methods and programs appeared in/as curatorial and artistic practices. Initiatives related to the educational turn revolve around the notion of education, gaining and sharing knowledge, artistic/curatorial research, and knowledge production. The emphasis is not on the object-based artwork. Instead, the focus of these projects is in on the process itself, as well as on the use of discursive, pedagogical methods and situations in and outside of the exhibition („˜discursivity ˜exhibition display ˜performativity")." http://tranzit.org/curatorialdictionary/index.php/dictionary/educational-turn/ (Zugriff: 20.6.2016). Siehe auch Paul O'Neill/Mick Wilson (Hg.), „Curating and the Educational Turn", OPEN Editions, 2010; schnittpunkt, Beatrice Jaschke, Nora Sternfeld, in Zusammenarbeit mit Institute for Art Education, Zürcher Hochschule der Künste (Hg.), „educational turn. Handlungsräume der Kunst- und Kulturvermittlung", Turia + Kant, Wien 2012, http://www.p-art-icipate.net/cms/fragen-verlernen-intervenieren-teilhaben/3/ (Zugriff: 20.6.2016).

56. „The Silent University started initially in London in 2012 in collaboration with Delfina Foundation and Tate and later hosted by The Showroom. In 2013 the Silent University established in the Sweden in collaboration with Tensta Konsthall and ABF Stockholm. In 2014 Silent University is also established in Hamburg, Germany initiated by Stadtkuratorin Hamburg in partnership with W3 – Werkstatt für internationale Kultur und Politik. Silent University Ruhr – initiated by Impulse Theater Festival in coproduction with Ringlokschuppen Ruhr and Urbane Künste Ruhr – opens it doors in Mülheim from June 2015 on. Silent University is also established in Amman, Jordan initiated by Spring Sessions from May 2015 on." http://thesilentuniversity.org/ (Zugriff: 20.06.2016)

57. Zuerst publiziert in: Impulse Theater Festival (ed.), „The Silent University. Towards a Transversal Pedagogy" (Berlin, 2017), S. 94–107.

58. Ursprünglich als „wings university" 2015 von dem Student Markus Kreßler initiiert. https://kiron.ngo/ (Zugriff 20.06.2016)

59. Die Flüchtlinge haben während der Dauer ihres Asylverfahrens in Österreich auch keinen Anspruch auf den Besuch eines Deutschkurses, obwohl Deutschkenntnisse ein wichtiger Aspekt für eine mögliche positive Anerkennung als Flüchtling sind.

60. http://www.immipreneurs.eu/ (Zugriff: 20.06.2016).

61. http://www.wochenklausur.at/projekt.php?lang=de&id=6

62. https://www.facebook.com/kattunfabrik/info?tab=page_info (Zugriff: 20.6.2016). Derzeit arbeitet Julia Wohlfahrt (Studentin Social Design) mit Nikolai Ritter, dem Initiator des „Gartens der Begegnung" (http://gartenderbegegnung.at/2015/12/11/eure-ideen-fuer-den-garten-der-begegnung-traiskirchen/ [Zugriff: 20.06.2016]), an einem Konzept für ein Nähprojekt mit unbegleiteten minderjährigen Flüchtlingen in Traiskirchen, für das auf dem Wissen der Kattunfabrik aufgebaut wird.

63. http://www.augsburger-allgemeine.de/illertissen/Babenhauser-Modell-begeistert-die-Ministerin-id36329037.html (Zugriff: 20.5.2016).

64. http://www.augsburger-allgemeine.de/illertissen/Babenhauser-Modell-in-Gefahr-id33913977.html (Zugriff: 20.5.2016).

Nicht zuletzt

2015/2016 konnten wir Barbara Holub gewinnen, ein Studienjahr lang als Visiting Artist mit uns im Social Design Studio zu arbeiten. Als Künstlerin und Architektin hat sich Barbara Holub in ihren Projekten immer auf Grauzonen und Zwischentöne eingelassen. Nie hat sie sich auf Disziplinen oder methodische Routinen zurückgezogen, sich immer auf Neues oder auch Dringliches eingelassen. Trends oder Moden nimmt sie wohl aufmerksam wahr, doch geht es ihr um Freiheit und Unabhängigkeit, ob das nun einen profitorientierten Kunstmarkt oder politische Interessenslagen meint. Mit ihrem Partner Paul Rajakovics verbindet sie nicht allein das gemeinsame Büro transparadiso, das „direkten Urbanismus" praktiziert. In gemeinschaftlichen Arbeitsprozessen, die immer für andere, ob StudentInnen oder viel allgemeiner Stadt- und OrtsbewohnerInnen, offenstehen und kooperativ angelegt sind, werden Prozesse ausgelöst, die zu Denkanstößen führen, dabei jedoch nicht „Falsches" auflösen. Vielmehr werden Standpunkte zugespitzt, geschärft und hörbar ausgesprochen. Und worum sonst kann es heute gehen, als darum, Haltung zu gewinnen, kritisch wahrzunehmen, was schlampig verdrängt wird, oder in Frage zu stellen, was angeblich unausweichlich wäre. Barbara Holubs Konsequenz als Künstlerin, ihre Erfahrung und ihre Involviertheit in viele Diskussionen und Auseinandersetzungen, in laufende und entstehende Projekte bedeuteten eine große Kraft, auf die ein Studium wie Social Design nicht verzichten kann. Eingebettet in die sicheren Strukturen einer Universität braucht es den Blick von außen, die Realitätsprüfung, das Schwimmen im tiefen Wasser, das unbekannte Publikum, das es zu gewinnen oder konfrontieren gilt.
Dieses kleine feine Buch beschreibt Barbara Holub, ihre Zugänge und Inhalte, sie erhebt als Autorin ihre Stimme, findet deutliche Worte und lässt Expertinnen und Experten, Kolleginnen und Kollegen genauso zu Wort kommen wie Studenten und

Studentinnen mit ihren Projekten. Diese Momentaufnahme auf hundert Seiten hält eine Arbeit fest, die über mehrere Monate entwickelt und umgesetzt wurde, lässt viele Gespräche im Social Design Studio nachvollziehen und darüber hinaus blicken.
Es ist die erste Ausgabe einer Reihe von Publikationen, die in deutscher Sprache und/oder englischsprachig erscheinen werden. Die wechselnden Sprachen sind zugleich Hürde wie Zugang. Wir wollen einen möglichst großen Kreis ansprechen uns aber genauso in einem lokalen Kontext verortet sehen. Wer mag, kann sich einen Reader als digitales Dokument auf den eigenen Computer laden oder lässt sich gegen einen kleinen Betrag die Papierversion kommen.
Gerade ein Studienprogramm, das sich mit Aktionen, mit Ideen, mit Interventionen, mit weichen und direkten Methoden beschäftigt, das mitunter so sehr an einzelne Personen gekoppelt ist, braucht auch die Ruhe eines formulierten und gestalteten Texts. Es geht darum nachzulesen, nicht um einen Kanon von Methoden zu verfestigen. Ziel der Reihe ist es, eine Entwicklung abzubilden, sichtbar zu werden. Keineswegs wollen wir die Notwendigkeit, schnell zu reagieren, auf Krisen zu antworten, nicht lange zu zögern, wenn es schnell gehen soll und muss, erstarren lassen oder gar einfrieren, was weich und situativ bleiben sollte. Deswegen haben und werden diese Texte wohl die Form eines Buchs annehmen, doch entstehen sie möglichst schnell, mit dem Fuß am Gaspedal und sind vielleicht bisweilen mehr Reportage als Analyse, wobei die eine die andere nicht aus dem Weg räumen soll.
Christian Schienerl hat die Form für den Reader entwickelt, ein Medium gestaltet, das sich in aller Ruhe an Interessierte wendet und doch schnell bleibt, sich an aktuelle Diskussionen eilig heranführen lässt und dabei erlaubt, nachzuschauen, nachzulesen und so der Reflektion Raum zu geben.
Und wie immer verdankt sich ein Buch, selbst ein kleines, vielen.

Brigitte Felderer, für das Social Design Studio, September 2016